江苏省“十四五”时期重点出版物出版专项规划项目

幼儿园劳动教育丛书

刘颖 虞永平 / 主编

劳动润泽童心

幼儿园社群服务劳动教育的实践与思考

红星
吴君妍
著

江蘇鳳凰教育出版社
Phoenix Education Publishing, Ltd

感谢您使用本书。您在使用时如有建议或发现质量问题，请联系我们。
【内容质量】电话：4008283622
【印装质量】电话：4008283610

图书在版编目（CIP）数据

劳动润泽童心：幼儿园社群服务劳动教育的实践与思考 / 沙红星，吴君妍著 . -- 南京：江苏凤凰教育出版社，2024. 10. --（幼儿园劳动教育丛书 / 刘颖，虞永平主编）. -- ISBN 978-7-5743-1302-6

Ⅰ . G613.3

中国国家版本馆 CIP 数据核字第 2024YL7787 号

幼儿园劳动教育丛书

书　　名	劳动润泽童心——幼儿园社群服务劳动教育的实践与思考
作　　者	沙红星　吴君妍
出版策划	刘　煜
责任编辑	吴曼丽
出版发行	江苏凤凰教育出版社（南京市湖南路 1 号 A 楼　邮编210009）
苏教网址	http://www.1088.com.cn
照　　排	江苏凤凰制版有限公司
印　　刷	江苏扬中印刷有限公司（电话：0511-88420818）
厂　　址	江苏省扬中市大全路 6 号
开　　本	787 毫米 ×1092 毫米　1/16
印　　张	13.25
插　　页	1
版　　次	2024 年 10 月第 1 版
印　　次	2024 年 10 月第 1 次印刷
书　　号	ISBN 978-7-5743-1302-6
定　　价	58.00 元
网店地址	http://jsfhjycbs.tmall.com
公 众 号	苏教服务（微信号：jsfhjyfw）
邮购电话	025-85406265，025-85400774
盗版举报	025-83658579

序

劳动对人类而言，有着特殊且重要的价值。劳动能够创造财富、创造世界。劳动对个体的发展更有着不可替代的价值。劳动能够让人发现自我、改造自我、确证自我，因此我们说，劳动“使人真正成其为‘人’，根本超越了动物界”①。劳动是人全面发展的重要途径，劳动教育是全面发展教育体系的重要组成部分。在2018年的全国教育大会上，习近平总书记特别强调了劳动教育的重要性，强调要在学生中弘扬劳动精神，教育引导学生崇尚劳动、尊重劳动，懂得劳动最光荣、劳动最崇高、劳动最伟大、劳动最美丽。2020年3月，中共中央、国务院印发了《关于全面加强新时代大中小学劳动教育的意见》，强调了劳动教育是中国特色社会主义教育制度的重要内容，并要将劳动教育纳入人才培养的全过程。

遗憾的是，在过去的一段时间内，有关劳动教育的政策话语和研究热点主要出现在大、中、小学阶段，对幼儿园劳动教育的研究处于相对滞后的状态。然而，我们不能就此忽视劳动以及劳动教育对幼儿发展和学前教育质量提升的意义。

劳动活动是幼儿综合的学习。劳动需要动手。年龄较大的儿童，以对间接经验的学习为主，学习的场所可以是在课堂中，学习的方式能够以听教师讲解为主。而幼儿是在直接感知、实际操作、亲身体验的过程中学习的。让幼儿获得经验，就是让幼儿去做事。幼儿的劳动，就符合这里所说的做事的特点。劳动对幼儿学习的意义直接体现在为幼儿提供了更多做事的机会。

劳动能够促进儿童全面的发展。尽管劳动强调身体的参与，劳动教育强调劳动态度、劳动习惯和劳动情感的涵养，但其价值绝不仅仅局限在身体发展和价值

---

① 赵敦华，孙熙国．中西哲学的当代研究与马克思主义哲学创新［M］．北京：人民出版社，2011：298.

观的培养上。劳动的过程，是多个领域的经验有机结合的过程，也指向多个领域经验发展的过程。杜威在中国访问演讲时，就曾对南京高等师范学校附属幼稚园养蚕一事深有感触，并以此阐释劳动对学前儿童多领域发展的综合作用。

劳动教育是落实《3—6岁儿童学习与发展指南》（以下简称《指南》）精神、提升学前教育质量的重要抓手。劳动教育重在亲身参与和实践，强调幼儿动手能力的发展。开展劳动教育，为幼儿提供了丰富的直接感知、实际操作和亲身体验的学习机会，有利于改变学习方式小学化的倾向。劳动教育关注对儿童劳动素养的培养，促进儿童体、智、德、美和创造力的全面发展，有利于改变当前教育中“扬心抑身”的倾向，能更好地落实《指南》精神。

尽管劳动教育未曾远离我国幼儿园教育实践一线，我们在幼儿园中也总能看到这样那样热火朝天的劳动场景，但有关幼儿园劳动教育的理论与实践还充满着挑战和难题。例如，如何在我们的课程中定位劳动教育？如何处理劳动教育中劳动品质涵养和其他方面发展的关系？怎样合理地处理劳力和劳心的关系？如何为新时代的幼儿园劳动教育注入时代发展的特点？如何提供满足当代幼儿需要的劳动教育？如何不断丰富幼儿劳动教育的内容和形式？如何建构幼儿园劳动教育的资源和环境？如何在劳动活动中有效地回应幼儿，并为幼儿提供充分的机会和挑战？如何协同家庭、社区的力量共同参与到幼儿园劳动教育的实践当中？

基于对幼儿劳动以及幼儿园劳动教育价值的考量，我们和全国有志于从事劳动教育研究的十多所幼儿园一道，从2019年开始，开展了系统的幼儿园劳动教育研究。参与研究的幼儿园来自我国各个地区，有着不同的园情和研究基础。但共同的，是他们研究劳动教育的决心、热情和努力。每一所参与劳动教育实践研究的幼儿园，既整体性地对幼儿园劳动教育进行了探究，又从园所自身的基础条件、幼儿发展的现实需求出发，选择了种植劳动、饲养劳动、工艺劳动、工程劳动、生活自理劳动、社群服务劳动中的一类，进行了深入的实践与研究，以获得更扎实的幼儿园劳动教育研究经验和研究成果。

在这数年时间中，参与幼儿园劳动教育研究的各所幼儿园迎难而上，在实践中重新审视了幼儿园劳动教育的价值，凝练了劳动教育的理念，总结了组织劳动教育活动的策略，梳理了与《指南》对接、符合幼儿身心发展规律的劳动教育目标，建构了与幼儿生活密切相关的劳动教育内容体系，探索了多种多样的劳动教育组织形式，并尝试开展幼儿劳动教育的评价工作。在与实验园所园长、老师们共同研究的过程中，我们见证了完整儿童的发展，见证了老师们教育观念的更新、教育方法的改善、教育能力的提升，见证了《指南》精神的逐渐落地。

江苏凤凰教育出版社策划并出版的这套“幼儿园劳动教育”丛书，是对幼儿园劳动教育理论和实践研究的总结与展示，是对幼儿园劳动教育理念、立场、观点、策略、方式、机制的挖掘和整理。作为国内第一套系统呈现幼儿园劳动教育研究成果的书籍，本套丛书在内容、形式、体例上都还有诸多不尽如人意之处，我们也将在后续的研究中不断完善。此时推出这套丛书，我们希望能够给更多的学前教育同行以启发，让更多的幼儿园深刻地认识到幼儿园劳动教育的价值和实现价值的可能性，让更多的幼儿园参与到幼儿园劳动教育研究的队伍中来，让幼儿园劳动教育研究的成果造福更多的儿童。

虞永平

前 言

2018年9月，习近平总书记在全国教育大会上指出，培养什么人，是教育的首要问题。我们的教育必须把培养社会主义建设者和接班人作为根本任务。党的十九大报告指出：中国特色社会主义进入了新时代。在新时代背景下，加强学生的劳动教育，努力提高学生的劳动素质，对学生的成长和国家的发展意义深远。

2020年3月20日，中共中央、国务院印发了《关于全面加强新时代大中小学劳动教育的意见》（以下简称《意见》），对加强新时代劳动教育进行了整体设计，阐明了劳动教育基本内涵，明确了劳动教育总体目标，健全了劳动教育课程，规定了劳动教育基本内容，强化了劳动教育评价，强调了劳动教育实施途径多样化。2020年7月7日，教育部印发了《大中小学劳动教育指导纲要（试行）》（以下简称《指导纲要》），旨在落实《意见》，加快构建德智体美劳全面培养的教育体系。

劳动创造了人，劳动解放了人，劳动发展了人。劳动是人的在世方式，是贯穿人一生的生命活动。也正因为如此，学生劳动素养的形成不是一蹴而就的，而是循序渐进、拾级而上的，学生的劳动素养需要从幼儿园、小学、初中、高中到大学阶段持之以恒、不断强化。大中小幼贯通培养学生的劳动素养，既是遵循劳动教育规律的要求，也是中国特色社会主义教育制度的要求，更是构建更高水平的人才培养体系的要求。

苏霍姆林斯基说："劳动是学校教育生活中不可缺少的重要方面，其应当渗透、贯穿于整个学校教育之中。离开了劳动，就不可能有真正的教育。"学前教育学段是基础教育的重要组成部分，是学校教育的基础阶段。在我国的学前教育体系中，劳动曾与“游戏”“上课”等一起作为教育的手段。

我园自2015年成为江苏省课程游戏化建设项目园以来，围绕“悦活采香园——挖掘与利用区域资源的园本课程游戏化建设项目”不断研究。近几年，我园把课程资源延展到了“社群”，对社群服务劳动进行整体设计、系统规划，通过多种形式融合创新举措，构建“社群服务劳动”课程体系。

“社群服务劳动”是指向与幼儿相关的他人及群体的劳动。社群服务劳动是在自我服务劳动的基础之上，随着幼儿社会交往能力的提升和范围的扩大逐步展开的。在群体中进行的劳动和为群体共同利益而进行的劳动，是培养社会公民的重要方式。我们从服务的空间划分，社群服务劳动可以分为园内劳动、园外劳动和家务劳动。例如，园内劳动：协助保持室内外活动场地的干净整洁，作为值日生分发碗筷、玩具，参与建立班级的规则制度，帮助其他同伴。园外劳动：参与美化社区环境，为实践基地做环保设计、文明宣传等，为敬老院、环境卫生管理站等机构及成员提供帮助。家务劳动：洗碗、叠衣、扫地、整理等。

本书总结了我园社群服务劳动探索和实践的成果，从“社群服务劳动概述”“社群服务劳动的要素”“社群服务劳动的范围与组织形式”“社群服务劳动的实施路径”“社群服务劳动的多主体成长”“幼儿园社群服务劳动教育评价”六个方面进行阐述。本书主要探讨了幼儿园社群服务劳动的课程建设问题，其特点集中体现在以下三个方面：

首先，本书理论联系实际。书中既有许多有关社群服务劳动教育的前沿理论，也有基于我园长期深入实践的经验。在五年的研究中，我们在南京师范大学幼儿园劳动教育研究课题组的指导下，明晰理念，边实践边总结。本书通过诸多鲜活的案例，介绍了社群服务劳动实践过程中的具体方法，也记录了幼儿、教师、家长在研究中共同成长的心路历程，对幼儿园及幼儿教育工作者具有直接的借鉴作用，内容详尽，图文并茂，可读性较强。

其次，本书具有应用性。2019年至2023年，五年多的实践探索，其间经历了三年疫情常态防控，走入社群似乎困难重重，但我们对社群服务劳动的研究从未停歇。我们基于现实，不断思考该做些什么，孩子们为他人、为幼儿园、为家庭以及社区可以做些什么。本书以先进的幼儿教育思想为基础，形成了社群服务劳动完整的课程体系。本书阐述了关于课程实践经验的理性思考，提供了许多鲜活的经典案例，分析了社群服务劳动建构的途径和方法，对目前劳动教育的研究具有直接的借鉴作用。在研究和实践中，我们遵循课程生活化、游戏化原则，所有的课程活动及示例都来自实践。教师和重要他人以关怀、接纳和尊重的态度与幼儿交往，耐心倾听，努力理解幼儿的想法与感受，支持、鼓励他们大胆探索与表达。我们的社群服务劳动课程内容贴近幼儿的生活，能够指导更多的幼儿教师去实践，一起参与社群服务劳动教育，具有显著的应用价值。

最后，本书彰显时代性。2018年，习近平总书记在全国教育大会上强调，要努力构建德智体美劳全面培养的教育体系，明确将劳动教育确定为全面发展教育的重要组成部分。此后，我国陆续出台了《意见》等系列文件，强调了劳动教育在全面育人体系中的重要作用。要构建新时代劳动教育落实机制，我们要用大视野和发展的眼光去看待教育问题，教育不只是教育，教育是社会系统的组成部分。社会的发展与进步会影响到教育的发展与进步。今天，我们的社会生活日益丰富，教育要紧密联系社会现实，而联系社会现实的通道就是为社会服务。劳动教育是贯穿人一生的教育，劳动是人在家庭和社会中安身立命的法宝，而教育是有关键期的，一些深层次的劳技意识和习惯，需要从小开始培养。幼儿的生活与社群生活密切相关，社群服务劳动必须从娃娃抓起。所以本书具有时代性，时代呼唤每一个人无私奉献。劳动学习是人人必须拥有的经历，获得劳动体验、习得劳动本领、创造劳动价值、享受劳动成果，也是每个幼儿的基本权利。

教育更要面向未来。本课程的基本立足点是“立足现实，面向未来”。目前全球教育改革都非常重视幼儿的社会性发展。从生命全程观的角度看，幼儿的社会性发展对人一生的发展影响很大。基于上述观点，本书突出“态度与情感”“劳动技能”“社会性发展”三要素。幼儿园的教育内容是全面性的、启蒙性的。我们依据《幼儿园教育指导纲要（试行）》（以下简称《纲要》）精神，结合《3—6岁儿童学习与发展指南》（以下简称《指南》）学习与发展目标，联系社群服务劳动的特点，涵养幼儿热爱劳动、乐于助人、主动探究、独立思考、团结协作、坚韧耐心的良好品质。我们致力于为幼儿建设一个可持续的未来。

此书的成果仅仅是我们开展社群服务劳动的开始，我们乐于在劳动教育之路上做更多的探索！

目录

第一章

社群服务劳动概述

2018 年 9 月，习近平总书记在全国教育大会上强调，要坚持中国特色社会主义教育发展道路，努力构建德智体美劳全面培养的教育体系，明确将劳动教育确定为全面发展教育的重要组成部分。因此，在大中小学和幼儿园中开展劳动教育已成为当下我国教育改革发展的重要内容。劳动教育是幼儿园教育的重要组成部分。

幼儿的生活离不开家庭、学校以及社区，虞永平教授指出："社会服务是从邻里服务开始的，在缺乏邻里交往的时代，邻里服务也必然缺乏，因此，走进社区，参与社区活动，共享社区生活，是幼儿园劳动教育重要的生长点。社区劳动的特点就是公益性、利他性，也是和谐社会建设的重要途径……"所以我们认为社群服务劳动的价值不仅指向幼儿当前的生活，更对幼儿今后的能力与社会情感的发展有着重大的意义。

第一节
社群服务劳动的认识

马克思认为："整个所谓世界历史不外是人通过人的劳动而诞生的过程。"他对劳动的定义是："劳动首先是人和自然之间的过程，是人以自身的活动来引起、调整和控制人和自然之间的物质交换的过程。"幼儿的劳动主要是指身体或体力活动，达到服务自己和他人的目的。"社群"即社会群体。与幼儿关系比较密切的社会群体有同伴、老师、家人、小区居民等。"社群服务劳动"是指向与幼儿相关的他人及群体的劳动。社群服务劳动是在自我服务劳动的基础之上，随着幼儿社会交往能力的提升和范围的扩大逐步展开的。

一、社群服务劳动的分类

劳动教育的关键环节，分别是落实相关课程、开展校内劳动、组织校外劳动和鼓励家务劳动。基于社群服务劳动的特点，服务对象有自己、班级、幼儿园、家庭以及社区等。所以我园的社群服务劳动的类型有班务劳动、园务劳动、社区劳动和家务劳动。

（一）班务劳动

班务劳动是指在班级活动中，幼儿为自己、为他人、为班集体服务的劳动。班级是幼儿共同生活的地方，需要幼儿自己照顾自己。同时，因为班级是师生共同生活的地方，需要师生相互支持、相互帮助。每天的班级生活，例如一餐两点、整理玩具、照顾自然角等环节，很多事情需要有人去承担相应的责任。幼儿主动担任小组长、值日生、自然角的小小园丁、报菜员、气象预报员、新闻播报员等，他们围绕这些角色开展的劳动，都是班务劳动。幼儿在班务劳动的过程中，服务自己、服务他人、服务班级，在班级里愿意承担一定的责任和义务。

（二）园务劳动

园务劳动是指在幼儿园利用园内资源，发现幼儿的兴趣，支持幼儿在参与实践和动手操作的过程中有目的、有意识地运用体力和智力改造外部世界，并服务于园所集体，从而帮助幼儿学会使用劳动工具、获得劳动知识、学会劳动技能、培养劳动习惯和提升劳动情感的一种教育活动。与班级不同，幼儿园是一个更大的集体，从人际服务到针对动植物和环境的服务，都有很多劳动的机会。

2015 年 7 月 20 日，教育部、共青团中央、全国少工委印发的《关于加强中小学劳动教育的意见》指出："要在学校日常运行中渗透劳动教育，积极组织学生参与校园卫生保洁和绿化美化，普及校园种植。开辟专门区域种植花草树木或农作物，让班级、学生认领绿植或'责任田'，予以精心呵护……"我园户外空间广阔，为幼儿开辟了种植地、饲养区，劳动教育指向的内容有很多，如农耕园的种植劳作、饲养小动物等等。幼儿每天散步的时候，观察着园内的一草一木，园务劳动随着四季更替而不断变化。例如，暑假结束，一入园，孩子们发现菜地里的野草疯长，马上开始除草行动；冬天到了，孩子们看见银杏树、无患子树的树叶都掉光了，在风中瑟瑟发抖，便找来了草席、麻绳、绒布等给大树妈妈"做棉袄"……

（三）社区劳动

大自然、大社会都是活教材。社区劳动为幼儿创设了丰富的自然环境和社会环境，这些社区的环境和资源有力地支撑了社群服务劳动课程的开展。我们充分利用社区资源，让幼儿走进自然，亲近自然，走进社会，接触社会。为他人服务、为集体服务是新时代劳动教育的方向。服务性劳动教育从内在特征上揭示了其具有的重要内涵——公益性。幼儿的社区劳动都是公益劳动，这些公益劳动是直接服务于公益事业、不收取报酬的劳动，其目的在于培养幼儿为他人服务的良好思想品德，推动幼儿接触社会、深入生活，参加各种社会实践，形成良好社会风尚。例如：扶弱劳动服务，幼儿看望敬老院的老人，为敬老院里的爷爷奶奶打扫宿舍卫生、表演节目等；公共服务劳动，幼儿捡胥江河健身步道上的垃圾、做环保宣传，给社区里的老人送温暖、陪他们过大年等；回馈服务劳动，暑假来临，幼儿到幼儿园采摘了水梨，给环卫工人、小区保安送清凉的活动，采摘了葡萄，到交警中心探望交警叔叔等。

（四）家务劳动

家务劳动，是指幼儿在日常的家庭生活中必须从事的一种义务劳动，是贴近幼儿生活最常见、最直接的劳动。家庭是幼儿的生活场所，幼儿在家庭中也要尽一定的责任。家庭生活由很多方面构成，有些家庭服务劳动不一定要让幼儿独立承担，但可以参与，例如做菜，可以让幼儿帮忙择菜、洗菜等；有些可以尝试让幼儿独立承担，例如整理玩具和学习用品、浇花、倒垃圾等；鼓励幼儿自己的事情自己做，并且主动为家庭服务。

良好的家庭环境是家庭教育的重要因素。教育是一种生活，孩子在幼儿园过幼儿园的生活，到了家里就要过家庭生活。孩子是家庭中的一员，除了受保护之外，也要尽责任。幼儿园与家庭要双管齐下，培养幼儿的责任意识。例如打扫卫生，打扫得不干净不要紧，可以慢慢来，从整理自己的房间到帮助父母整理房间。

二、社群服务劳动的特征

在实践研究中，我们发现社群服务劳动有如下特征。

（一）价值导向性

人的不断社会化的过程就是人格塑造的过程。明确的价值导向对个体的社会化有着重要影响。社群服务劳动具有明确的价值导向，具有公益性和利他性。在群体中进行的劳动和为群体共同利益而进行的劳动，是培养社会公民的重要起点。通过社群服务劳动，幼儿由不成熟走向成熟，由自然走向社会，由个体走向群体。幼儿在服务他人的同时，获得积极的自我体验，在培养自尊、独立性、责任心等个人品质的同时，也促进了与同伴交往、合作能力的发展，体验到帮助他人的快乐。在强调“五育并举”的今天，在某种意义上，社群服务劳动是“五育并举”的一种载体，是推动幼儿学习方式的转变、促进幼儿认知学习和社会性成长相结合的重要实践方式。尤其是劳动教育在伴随社会发展而演进的过程中，劳动主体参加服务形态的劳动带有鲜明的利他性。

（二）综合性

幼儿的劳动活动本身就是一种综合性的活动。幼儿的劳动活动是在幼儿整体性的生活情境中，解决幼儿劳动过程中面临的真实问题，满足幼儿劳动需要而生发的各领域综合活动。幼儿的学习是一种综合的学习，以儿童为本的劳动教育，必须考虑综合性的特征。社群服务劳动由于服务空间的独特性，给幼儿带来了丰富多样的互动环境，同时也会面临更多的问题和挑战。这些问题和挑战不是存在于游戏中的，而是真实地发生在社会生活中的。社会生活中的问题和挑战具有复杂性、综合性，需要幼儿运用多种能力去解决问题，这就是社群服务劳动的意义所在。社会里面涉及众多的人员、众多的事物，社群服务劳动能提升幼儿运用多方面的经验去解决问题、应对挑战的能力。

（三）游戏性

我们理解幼儿的学习方式和特点，因此在社群服务劳动中会凸显幼儿劳动的游戏性。幼儿的学习是以直接经验为基础的，在游戏和日常生活中进行的。我们珍视游戏和生活的独特价值，创设丰富的教育环境，合理安排一日活动，最大限度地支持和满足幼儿通过直接感知、实际操作和亲身体验获取经验的需要。实践体验是劳动教育的重要途径，是实现劳动教育目标的重要方式。我们遵循幼儿的年龄特点，加强劳动与游戏的联系，让幼儿在游戏中反映出一些劳动活动的因素。幼儿为将要玩的游戏进行劳动活动，在劳动过程中进行游戏动作。幼儿的游戏与劳动可以相互转换，在幼儿那里，他们的劳动自然地带有自由、自主、创造和愉悦的精神，我们成人认为特别辛苦的事情，幼儿却非常喜欢且饶有兴趣，把这种劳动当作一种游戏去看待、去展开。

（四）生活性

劳动活动本就是人类重要的社会生活，其天然地具有生活性的特征。杜威指出，“儿童的社会生活是他一切训练或生长的集中或相互联系的基础”，“学校科目相互联系的真正中心，不是科学、不是文学、不是历史、不是地理，而是儿童本身的社会生活”。同时，幼儿的认知和学习特点决定了劳动教育与幼儿的生活关联越大、距离越近，就越能够引发幼儿的兴趣，他们在劳动过程中的学习也就越有效。社群服务劳动的空间广泛，幼儿园、家庭以及社区都是幼儿熟悉的生活空间。在实践中我们发现，社群服务劳动不应该丢失劳动活动具有的生活性特征，而是要从生活做起，它是幼儿身心共同参与的与外部世界发生交互作用的持续性的实践行动，是幼儿重要的发展方式。它在帮助幼儿形成关心他人和群体的态度，养成参与社会公共生活的习惯和能力，培养未来社会的公民等方面具有独特的价值。

（五）思维参与性

教育视域下的幼儿劳动，不应该仅是体力活动，还应该有思维的参与，是劳力与劳心的结合。苏霍姆林斯基曾说：“正是在这种结合中，才能找到培养学生（哪怕是最消极的学生）对劳动的兴趣和热爱的真正有效的钥匙。”虞永平教授指出，从最本质的意义上来讲，幼儿的劳动就是同物质世界的相互作用。在劳动的过程中，幼儿使用工具或材料改变客观世界，达到自己的目的，并对包括劳动者在内的人产生一定的影响。在复杂多变的环境中，幼儿能深切感受到劳动需要紧张、努力，并懂得这是为取得成果而付出的必不可少的努力。新问题、新挑战能引发思维的参与，促进幼儿的持续探究和深度学习。

社群服务劳动由于服务空间的独特性，在广泛的空间中，幼儿接触的环境、人和材料越多，承担的角色和任务越多，也就越可能获得新经验，同时也会面临更多的问题和挑战。社会生活中的问题和挑战是复杂的、综合的，要求幼儿运用多种能力去解决问题，能使经验、问题的解决、思维和行动结合起来。有思维参与的劳动，才能培养幼儿热爱劳动的精神。

（六）适宜性

教育的全部意义在于塑造人，在于促进人精神世界的发展和生活品质的提升，而劳动是人类最基本的实践活动，对人的成长以及人的本质的确证都具有至关重要的作用。《指南》提出："幼儿的发展是一个持续、渐进的过程，同时也表现出一定的阶段性特征。"在劳动教育研究初期，我们也发现了一些问题：幼儿对于预设太多的活动容易产生负面情绪，当活动内容脱离幼儿现有的生活经验时，他们的参与性与积极性会大大降低。因此，我们在设计和实施劳动教育活动时，课程内容应考虑到幼儿的年龄发展特点和现有的发展水平，在自我服务劳动的基础之上，随着幼儿社会交往能力和范围的扩大，由近及远，由易及难，逐步延伸至服务他人。

基于幼儿的兴趣和问题、经验和能力，抓住那些有价值、与幼儿生活密切相关的劳动主题。幼儿进入小班，就要在生活中学会照顾自己，自己吃饭喝水、上厕所、穿脱衣服、整理玩具和图书等。在服务自己的基础上，开始关注别人的需求，逐渐学会服务他人、服务班级，在班级里愿意承担一定的责任和义务，例如小组长、值日生、自然角的小小园丁、报菜员、气象预报员、新闻播报员等。在日常的家庭生活中，也乐于参与家务劳动，如：帮助家长打扫卫生、整理房间、帮厨活动等，做一些力所能及的小事。在幼儿能够较好地完成自我服务后，就可以参与不同类型的园内劳动和园外劳动了，例如：为班级的菜地拔草；山洞口的石头松动了，寻找材料及工具修补山洞；开学了，小班弟弟妹妹不认识班级，中、大班哥哥姐姐护送弟弟妹妹进班；冬天到了，孩子们找来了草席、绒布、麻绳，给大树"做棉袄"等活动。

第二节
社群服务劳动的意义

劳动不仅发展着世界，也创造了人本身。劳动教育是全面育人体系的重要组成部分，也是培养人的重要途径。新时代加强劳动教育具有重要的时代价值和现实意义。社群服务劳动是指向与幼儿相关的他人及群体的劳动。社群服务劳动是在自我服务劳动的基础之上，随着幼儿社会交往能力和范围的扩大逐步展开的，引导幼儿在家务劳动中体验他人的关怀和关怀他人，在集体劳动和公益服务中体验造福他人的快乐，在社区实践中体验创造的愉悦，从而不断深化劳动情感体验。在群体中进行的劳动和为群体的共同利益而进行的劳动，是培养社会公民的重要起点。

一、适应立德树人根本任务的要求

党的十八大提出，把“立德树人”作为教育的根本任务，将社会主义核心价值观教育覆盖各级各类学校，使立德树人成为学校开展教育教学活动的根本和基础。在2019年全国教育大会上，陈宝生强调：“德育要朝着体系化努力。德智体美劳，德是第一位的，具有根本性、引领性作用。”新时代我国的劳动教育是基于人、培养人、发展人的教育，最终目的是“立德树人”。教育如何做到“立德树人”，如何将理念转化为当下最紧迫、最重要的工作？一是劳动价值观的树立。塑造正确的劳动价值观，懂得“美好生活靠劳动创造”等道理，感受到在劳动中的自我成长等。二是劳动习惯与品质的养成。要培养劳动的责任感、坚韧性、诚信度、创造性，其中包括教育学生服务社会、服务他人等。黑格尔在论述劳动的实践教育目的时，也侧重于劳动习惯的培养。他说：“通过劳动的实践教育首先在于使做事的需要和一般的勤劳习惯自然地产生。”三是劳动知识和技能的培养。

北大教授顾明远认为：“立德树人强调的是孩子的整个心灵、整个精神世界的发展。”“培养学生的心灵、人格和精神世界是最重要的。这也是为什么当我们讲立德树人时不光光是指道德品质，还包括一个人完整的心灵、整个的精神世界。”强化劳动教育，以立德树人引领劳动教育和有关的实践活动，不仅能使学生感受到并相信劳动是推动历史进步的根本力量，更好地发扬艰苦奋斗的精神，而且有利于学生形成正确的价值观，在社会公益实践中尽可能实现人生的理想。3—6 岁幼儿的自我意识开始萌发，智力、个性、劳动意识等发展迅速。我们在社群服务劳动的研究中，以高度负责的态度对幼儿进行潜移默化的劳动教育，使他们具备劳动意识和劳动观念，帮助幼儿在自我服务的基础上，参加力所能及的劳动，萌发合作意识，增进集体荣誉感，体验为他人服务的快乐，形成初步的责任感和服务意识，促进幼儿与自然、社会的良性互动，从而促进幼儿的可持续发展。因此，社群服务劳动是落实立德树人的有效方式之一。

二、满足新时代劳动教育的需求

习近平总书记站在实现中华民族伟大复兴的战略高度，在全国教育大会上首次提出把劳动教育纳入培养社会主义建设者和接班人的总体要求之中，历史性地把劳动教育从传统意义上促进青少年全面发展的有效途径提升为重要教育内容，形成德智体美劳全面培养的教育体系，明确了新时代加强劳动教育的思想指引，引发了社会的共鸣。幼儿的生活离不开家庭、学校以及社区，一个时期以来，在观念上，劳动教育在学校中被弱化，在家庭中被软化，在社会中被淡化；在实践中，劳动教育存在诸多薄弱环节和问题。家庭、学校、社会作为劳动教育的重要实施主体，忽视了对幼儿影响最深远的劳动教育，忽视了从小对幼儿劳动态度、劳动习惯、劳动品德和独立生活能力的培养，没有让幼儿认识到劳动是奋斗的底色，奋斗本身就是一种幸福。加强劳动教育成为迫切需要解决的时代课题。所以，幼儿园开展劳动教育是时代和社会的变迁诉诸学前教育的必然要求。

社群服务劳动具有强烈的时代特征和社会属性。它随着劳动形态的演进而发展，创造条件让幼儿参加服务形态的劳动、创造性劳动等，这是当代劳动教育的新方向。2019 年起，我们跟随南京师范大学幼儿园劳动教育研究课题组的导师和团队，开始了社群服务劳动的研究。《中国教育现代化 2035》提出了推进教育现代化的八大基本理念：更加注重以德为先，更加注重全面发展，更加注重面向人人，更加注重终身学习，更加注重因材施教，更加注重知行合一，更加注重融合发展，更加注重共建共享。我园的社群服务劳动所倡导的理念与《中国教育现代化 2035》基本理念是相符的。在实践中我们发现社群服务劳动要从生活做起，我们珍视生活的独特价值，创设丰富的教育环境，把劳动融入幼儿的生活与课程，最大限度地支持和满足幼儿通过直接感知、实际操作和亲身体验获取经验。社群服务劳动是幼儿身心共同参与的、与外部世界发生交互作用的、持续性的实践行动重要的发展方式。它在帮助幼儿形成关心他人和群体的态度，养成参与社会公共生活的习惯和能力，培养未来社会的公民等方面具有独特的价值。

三、实现幼儿个人全面发展的必由之路

劳动教育是全面发展教育的重要组成部分，是落实《指南》精神，实现新时代学前教育高质量发展的重要途径。要看到劳动教育的载体价值，五育并举，发挥协同育人的作用。德育同劳动教育有机结合有助于解决德育虚化问题，在德育中引入社会公益劳动，有利于幼儿端正生活态度和价值观，提高社会公德，增强社会责任感。智育与劳动教育相结合有助于幼儿从做中学，知行统一，学以致用，提高劳动的技术含量，培养创造性劳动的能力。体育同劳动教育相结合有助于磨炼幼儿的意志，培养公平竞争和团队合作精神。美育同劳动教育相结合有助于培养幼儿创造美的能力，让幼儿懂得劳动最美丽、劳动者最可爱、劳动成果最珍贵。社群服务劳动，是对幼儿服务精神和服务能力的强化，是对幼儿关怀意识的强化，是对幼儿动手能力的强化。它不是单一学科或领域的学习，而是一种综合的学习，是有效的学习。它是需要全面素养和有助于形成全面素养的活动，是集体、小组和个别活动的结合，是教学、游戏和生活相结合的活动。

社群服务劳动教育具有普遍教育的特征，亦即其旨在落实全面发展的教育方针，具有普遍教育的属性。幼儿通过了解社区问题和需求，激发了自身学习的动力，通过运用知识和技能来承担责任、回报社会、产生效能感，也促进了自身社会责任感的提升。幼儿在幼儿园做了对集体有意义的事，或者走进社区直接服务社区，对环境卫生、文明宣传、老人服务等做了一些力所能及的工作，能获得成就感、幸福感和满足感，也有利于了解社区，增进对社区的感情。

第三节
社群服务劳动的价值

劳动是教育的根和魂，是实现人的全面发展的必要条件。加强劳动教育是重要的时代课题，具有深刻的理论内涵和伟大的现实意义，需要教师深刻领会新时代劳动教育的重要内容和“五育并举”的时代价值，精准把握新时代背景下劳动教育与德育、智育、体育、美育的关系。幼儿的认知特点和学习特点决定了劳动教育与幼儿的生活关联越大，就越能够引发幼儿的兴趣，幼儿在劳动过程中的学习也就越有效。为他人服务、为集体服务是新时代劳动教育的方向。服务性劳动教育从内在特征上揭示了其具有的重要内涵——公益性。尤其是劳动教育在伴随社会发展而演进的过程中，劳动主体参加服务形态的劳动带有鲜明的利他性。幼儿能在劳动中体验到与他人合作及乐于奉献的乐趣。幼儿能通过社群服务劳动更多地参与不一样的劳动，体验不一样的教育，理解劳动创造价值，具有劳动自立意识和主动服务他人、服务社会的情怀。

一、深化了幼儿园课程

陈鹤琴提出：“大自然、大社会都是活教材。”他提倡把教育的领域扩大到整个生活。人的生活不能离开世界，也不能离开社会群，向自然界取得生活的物料，在社会群里保持生活的关系，现象、特质、形态、规律等都是教学的资料。社群服务劳动，很好地实践了陈鹤琴先生的这一理念，是幼儿走向大社会的一个很好的途径。我园实施的社群服务劳动，拓展了幼儿的学习内容，采撷了鲜活的教材，丰富了幼儿园课程内容，不仅推进了劳动课程的建设，还为幼儿园更广泛的变革带来启发。社群服务劳动的实施过程中，师生参与了各种各样的社区教育活动，能够引发幼儿对可持续性进行思考，从而促进自己的学习和行动。社群服务劳动的实施，建构了一种以人为本、以环境为本、面向未来的可持续性教育的课程文化。

社群服务劳动是幼儿园课程不可或缺的部分，是课程内容的延伸，也是对课程的进一步细化和深化。例如，通过开展“给树妈妈做棉袄”活动，保护树妈妈过冬的责任意识被幼儿落实到行为上、态度上、情感上，这就做到了深化。我们重视社群服务劳动教育的价值，把社群服务劳动纳入课程规划，劳动教育统一在园所课程体系下，服务于课程目标的实现。

二、促进了幼儿的发展

幼儿是个小大人，劳动是幼儿看世界的一种方式。幼儿阶段也是幼儿的劳动意识启蒙、劳动能力初步发展、劳动观念初步建立的阶段。正如蒙台梭利的教育实验所揭示的，幼儿教育阶段的劳动教育一方面具有游戏活动的性质，另一方面又具有隐性教育的特点。可以说，让幼儿参与劳动不是追求劳动的社会价值，而是追求劳动的启蒙价值、体验价值，在于培养幼儿的劳动情感、态度、自信心及基本生活能力。3—6岁是幼儿智力、个性、劳动意识等发展最为迅速的时期。幼教工作者对幼儿劳动观念的培养要有紧迫感，要以高度负责的态度对幼儿进行潜移默化的劳动教育，使他们具备劳动意识和劳动观念。

五育并举，全面贯通。一方面要看到劳动教育的特殊价值，它关系到青少年劳动素养的培养，这是其他四育无法替代的；另一方面要看到劳动教育的综合育人价值，充分发挥劳动教育的树德、增智、健体、育美作用，促进幼儿全面发展。社群服务劳动具有明显的利他性和公益性，我们应从幼儿的兴趣出发，着重培养幼儿的劳动认知、劳动情感与态度、劳动能力。

（一）丰富劳动认知

习近平总书记指出，要教育孩子从小热爱劳动、热爱劳动创造，通过劳动和创造播种希望、收获果实，也通过劳动和创造磨炼意志、提高自己，树立劳动最光荣、劳动最崇高、劳动最伟大、劳动最美丽的观念。幼儿高尚的心灵是在劳动中培养起来的，要使幼儿从小参加劳动，有强烈的劳动意识，使劳动成为幼儿的习惯。教育学者黄济先生认为，认识劳动作为个人全面发展的基础，是人类社会走向理想目标的根基和动力；使学生将劳动从负担变为责任和快乐；使学生学会劳动和创造，以忠诚的态度从事劳动；教育学生深刻认识从事劳动是公民的神圣职责，严格遵守劳动纪律，忠诚地履行工作任务，认真做事，不苟且，不马虎。

劳动习惯指幼儿自觉劳动、安全劳动、诚实劳动的习惯。幼儿园应促进幼儿认识和体验脑力劳动和体力劳动、简单劳动和复杂劳动等多种形式的劳动关系，感受其过程，培养幼儿的劳动习惯。如何让劳动实践成为幼儿发自内心的自觉行动？我们要激发幼儿的兴趣与愿望，鼓励幼儿“为了喜爱而从事劳动”。从事自己喜爱的劳动，更有利于幼儿缓解精神压力，增强满意度和幸福感，激发热爱劳动、崇尚劳动、尊重劳动的情感和辛勤劳动、诚实劳动、创造性劳动的态度。所以，开展劳动教育时，成人要相信孩子，大胆放手。在社群服务劳动中，幼儿能关注他人的情绪和需要，并能给予力所能及的帮助；同时尊重为大家服务的人，珍惜他们的劳动成果；在活动中积极、快乐，愿意为集体做事，体验助人为乐的快乐。劳动教育是身心融合、一体化的综合性活动，也是促进孩子身心协调、健康发展的重要保障。劳动使人理解生活的本质，劳动能培养人的意志和毅力，甚至能使人感受到人生的意义。劳动教育是生活的一部分，在生活中，幼儿参与并学习一定的劳动技能是一件自然而然的事。

社群服务劳动在某种程度上也体现着亲社会行为。通过社群服务劳动，幼儿更多地了解了社会，了解了社会上各种各样的职业，了解了社会上人们的工作。在互动时幼儿的社会性能力得到发展，如与他人建立友好的关系、与他人合作、分享、倾听、自制、专注、遵守指令等。许多研究表明，社会性发展对幼儿日后的学业成就很重要。

（二）涵养劳动情感与态度

我园通过劳动教育，促进幼儿脑力劳动和体力劳动的贯通，提高幼儿发现劳动美、欣赏劳动美、创造劳动美的能力，引导幼儿形成坚韧不拔的劳动精神和劳动品质，促进幼儿全面发展。高尔基说过：“热爱劳动吧。没有一种力量能像劳动，即集体、友爱、自由的劳动的力量那样使人成为伟大和聪明的人。”

首先，要教育幼儿热爱劳动。从小事做起、热爱劳动一直是中华民族的传统美德。我们要切实履行劳动教育的主体责任，通过课堂劳动教学、课外劳动实践等途径，帮助幼儿形成正确的劳动认识，树立积极的劳动态度，萌发热爱劳动、热爱劳动人民的思想感情，养成良好的劳动习惯，这将贯穿于一个人从出生到成年甚至更长时间的成长与发展过程。孩子们在感受劳动的过程中，能体悟到劳动的意义与价值，发自内心地觉得劳动最光荣。

其次，要引导幼儿愿意劳动。劳动教育的目的是塑造幼儿的精神世界，让幼儿在劳动中树立并践行社会主义核心价值观，培养幼儿“自己的事情自己做”的意识与责任心，培养幼儿崇尚劳动、尊重劳动、敬畏劳动、勤俭节约、踏实肯干的态度。我园为幼儿营造了热爱劳动的氛围，在劳动中幼儿与同伴、成人有礼貌地交往，学习合作，幼儿在互动中感受劳动的乐趣。人的成长离不开外部环境，社区要经常开展一些面向幼儿的公益活动。父母是孩子的第一任老师，对孩子的观念和行为有着重要影响，我们要引导家长发挥劳动教育中的基础作用，要身正垂范做好孩子的榜样。

再次，培养幼儿不怕困难的品质。其实家里有哪些事情是难的？幼儿园有多少事情是难的？有的幼儿就是不愿意做事情，没有责任意识。所以，培养劳动的态度至关重要。家庭成员对孩子进行劳动教育的态度要一致。特别是有祖辈的家庭，父母需要与祖辈做好沟通，孩子的事情自己做，不会的可以学，保障劳动教育的有效开展。在一些园外劳动中，敢于尝试有一定难度的活动和任务；能与同伴分工合作，遇到困难能一起克服；能在活动过程中排除干扰，能应对活动中遇到的挫折，有毅力等。

（三）提升劳动能力

劳动是幼儿学习的重要方式，是幼儿获得学习能力的重要途径，可以培养孩子解决问题的综合能力。劳动能力是指幼儿掌握的相关劳动领域的知识、技能。幼儿园通过真实的劳动情境，让幼儿亲身经历、体验、感受真实的劳动活动，习得一定的服务性劳动和生产劳动技能，在实践中激发其创新精神，培养团结协作能力、创新能力，以及与人、与社会和谐相处的能力。劳动教育中幼儿获得的发展是综合的、全面的、多元的。比如：在给枇杷筛果的活动中，幼儿感受了植物的生长，想出了各种筛果的方法，从而培养了美感，发展了创造力和想象力，萌发了关爱生命的情感，也培养了勇敢尝试的能力、解决问题的能力、大胆交往的能力、团结协作的能力、思维挑战的能力等。劳动是让幼儿成为完整的“人”的重要组成部分。通过社群服务劳动，幼儿从小养成了爱劳动的好习惯，掌握了基本的劳动方法与技能，提高了自我服务、为他人服务的能力，还培养了爱劳动、吃苦耐劳、自尊自信、有责任感等良好的品质。

中华民族有热爱劳动、善于创造的传统。在社群服务劳动中，幼儿通过自己的不断探究和努力尝试，发展了信息素养、探究能力和创造精神。社群服务劳动，特别需要幼儿归纳一些想法，做一些预测，理解他人的意图和思考，做出判断等。活动中的各种难题，只有通过劳动才能破解。幼儿通过认知、思考、发现、发明、幻想和表达，在劳动中获得启发，学会创新。

三、助推了教师的成长

通过社群服务劳动的实施，教师的视野拓展了，他们带领幼儿走进家庭和社区等进行深度学习，焕发了精神面貌，增强了责任感，积累了专业知识，增强了生态意识，形成了可持续发展的课程观，提升了活动组织与实施能力，提高了分析和解决问题的能力，协调能力也有了质的飞跃。

（一）改变了劳动认知

1. 提升了专业知识

社群服务劳动是一种很好的生活教育，既是幼儿当下生活的需要，也是未来发展的需要，更是让生命呈现美好发展的需要。所以，教师唯有不断学习才能适应时代的要求。获取丰富的专业知识是幼儿教师实现自我提高的重要方式。

在社群服务劳动课程中，丰富的项目活动涵盖自然、科学、人文、语言等，这对教师的专业知识要求极高。例如：在“修补山洞”活动中，幼儿需要认识水泥、黄沙、抹泥刀、铲子等材料和工具，并且不断尝试调整水泥、黄沙和水的比例来调配软硬适中的水泥，用于修补山洞之间的缝隙。教师在科学区专门设置了水泥调配区，提供了水泥粉、沙子、水等原料，以及手套、护目镜、罩衫等工具。幼儿可以根据配方，通过电子秤称量，按比例添加原料，并进行搅拌、涂抹晾干，感受调配水泥的乐趣。通过动手操作，幼儿了解了工具的特点及作用。这就要求教师具备物理和化学的学科性知识，具备建构的通识性知识，具备支持幼儿发展的教育性知识。

教师只有具备扎实的专业知识，才能创设丰富的教育环境，才能为幼儿提供适宜的指导，真正践行社群服务劳动的教育理念。教师获得专业知识的途径很多，在课程建构的过程中，教师学习的积极性、主动性增强了，不再局限于幼教领域的学习，而是打破学习的边界，跨学科、系统地学习知识。幼儿园以项目小组的方式开展了多项培训，指导教师不再只是从书本学习，同行、优秀的公众号资源都是学习的对象，同时也鼓励教师树立终身学习的观念，自主、自觉地学习。

2. 增强了生态意识

（1）小微服务助力生态文明。随着社群服务劳动的展开，越来越多关于生态环境保护、人与自然的关系、生物多样性等生态课题进入了幼儿的课程。教师们的生态意识与日俱增，从小事做起，带领着幼儿保护好家乡的生态环境，宣传垃圾分类，引领新风尚；深入小区、景区宣传环保理念，担任志愿者，做清洁工作；在胥江欢乐广场等人群密集处，用自己制作的音频、视频宣传保护母亲河、创建文明典范城市等生态理念。师生用实际行动呼吁人们：共建生态地球家园，要靠大家的主动作为。

（2）生态理念领跑未来。在社群服务劳动的研究中，教师成了幼儿生命的协助者。幼儿的学习是一个解构再建构的过程，更是一种有意义互动的活动。幼儿在游戏中需要不断地修正自己与环境的互动关系，以此获得有意义的学习。教师唤起每个孩子的生命激情，把幼儿的潜能激发出来，使他们具备相应的品德行为和智力能力，从而成为真正“大写”的人。教师成了自我成长的学习者。教师不断更新教育观念，创新教育教学内容和方法，通过自主学习不断提升专业知识和理论，在反思与实践过程中完善自我、发展自我，促进自我成长。

（二）培养了劳动情感与态度

1. 焕发了精神面貌

随着不断探索社群服务劳动的课程路径，教师也在无形中重新建构起对生活世界的理解和判断。俄国教育家乌申斯基指出，劳动的作用不仅仅体现在人的物质生活方面，还体现在人的精神生活方面。在全程参与相关社群服务的课程活动之后，我们惊喜地发现，教师的状态有了很大变化：他们变得轻松愉悦，呈现给大家的是一种朝气蓬勃的精神面貌。他们面对幼儿多了一份耐心，面对工作多了一份热情，面对社会多了一份理解。劳动教育，不仅培养了幼儿，也启发了教师对世界、价值、人生的思考，有利于他们形成正确的世界观、价值观和人生观。

2. 增强了责任感

在参加了看望敬老院的老人和慰问各行各业的劳动者等公益活动之后，教师不由得被所见所闻触动，心中激起一种社会责任感，感受到自己的工作对社会发展是一件非常有意义的事，认识到自身职业的重要性，认为自己有责任和义务去了解、尊重、珍爱自己的教育对象，对幼儿未来的发展负责，建立民主、平等的师幼关系，帮助幼儿形成良好的习惯和品行。强烈的使命感和成就感让教师的职业认同感与责任感也随之增强。

（三）提升了课程组织能力

1. 形成了可持续发展的课程观

社群服务劳动课程没有结构化的教学内容，课程是在幼儿与环境、资源的互动过程中进行的，课程资源的不断变化，使社群服务劳动成为可持续发展的课程。参与社群服务劳动课程的教师，能够逐步领会课程所倡导的儿童观、教育观和教师观。在实际的工作和生活中，教师要有敏锐的课程意识，深入评价资源建设的成效，切实解决一些现实的问题，不断推动资源的挖掘与利用，进一步形成可持续发展的劳动课程观。

（1）发展了利用课程资源的能力。教师以往的专业发展主要集中在教学方式和教育手段上，园本课程资源的整合利用对教师提出了新的专业能力要求，即课程资源整合的专业素养和能力。整合利用园本课程资源首先要求教师树立课程资源整合利用的意识，这有助于教师发展课程资源整合利用的能力，更好地整合利用园本课程资源。从资源中来，到资源中去，将资源与园本课程有机结合是园本课程建设与实施的有效方法之一。

（2）促进了教师创新意识及能力的培养。在现实的课程教学中，课程资源是有限的，但人的创造性是无限的。有限的资源经过教师们无限的创意可以生成丰富的课程资源。创造性应内含于园本课程资源整合利用之中，创造性是一切教学活动的灵魂，也是园本课程资源整合利用的灵魂。没有创造性，园本课程资源整合利用就没有新意，教师们只有创造性地整合与利用园本课程资源，才能使园本课程资源变得丰富多样。

（3）提高了对资源价值的识辨水平。当面对众多的课程资源时，我们不可能将其全部纳入课程建设之中，而是需要对不同形态、不同内容、不同作用的课程资源进行筛选、合并、精简、优化。在探索社群服务劳动的过程中，幼儿园资源与社区资源的整合是必不可少的。为了充分整合利用幼儿园资源和社区资源，我们实行幼儿园与社区双向开放、互动的教育。

（4）增强了效益思辨的科研能力。社群服务劳动是源于实践的行动研究，它要求教师关注自己的教育实践和周围发生的教育现象，对日常工作保持职业敏感和反思的习惯，善于从中发现问题，形成理性的认识，从而提升科研能力。在课程开展的过程中，教师能够自发地思考怎样给儿童提供有益的经验，更好地促进已有经验的生长，为儿童的发展搭建支架。每次活动结束后，教师能梳理、总结及反思自己的教学行为、组织策略是否恰当，提供的材料是否有意义，是否为儿童的学习提供了有效的支持……这些自觉的学习和高频的反思让教师在学习中进步，在反思中调整，在调整中优化，为可持续课程的深入开展注入了强有力的动能。

2. 提升了活动组织与实施能力

马拉古奇曾说：“幼儿教师专业素养的形成与发展，必须在与幼儿一起工作的过程中同时进行，除了在职培训，我们没有其他选择，所有智慧在使用过程中更加坚固，而教师的角色、知识、专业和能力在直接的应用中更强化。”教师的专业成长是一种学习、研究、反思、实践的动态过程。

社群服务劳动的教育理念和课程模式对教师的实践智慧要求较高。以幼儿为本，教师必须时刻站在幼儿的立场考虑问题，关注幼儿的切身利益；以生活为本，教师必须从生活中找寻教育资源，关注幼儿的生活经验；以教育为本，教师必须回归教育的本质，注重幼儿的自由成长。这一切都应体现在教师的教育行为中。经过社群服务劳动历练的教师，具有清晰的儿童观、教育观和教师观，在与幼儿的亲密接触中，在与同事的通力合作中，能掌握将理论知识转换为实践智慧的方法，并逐渐积累教学经验，从而形成“理论知识—教育智慧—实践经验”的良性循环，最终成长为一名专业的幼儿教师。

如中一班的教师在进行“我们和无患子的故事”课程前，就有利用幼儿园围墙边的无患子树开展课程的想法。教师起初了解到无患子的果实可以用来做肥皂，想着幼儿对于做肥皂应该会感兴趣，因而有了这么一个课程计划。“计划”应是一种“预案”、一种假设，是可以改变的，课程实施必须根据幼儿的实际情况灵活调整。

因为用无患子果实做肥皂在计划中应该是课程的后半阶段了，课程的前半部分是先结合无患子树的整体到叶，最后才是果。教师担心幼儿在某一阶段会对无患子树不感兴趣，或者说从一开始无患子树就不在幼儿的兴趣点上。然而当教师发现幼儿看到一整条道路都被无患子叶铺成了“黄金大道”，都迫不及待地想要踩上去，在上面跑呀、跳呀，换各种动作请老师给他们拍照、拍视频时，教师欣喜地感到这个计划应该是有一个好的开端了。在发现“黄金大道”后，每当天气晴好的日子，幼儿散步或者游戏结束后回教室，都会说：“老师，我想走‘黄金大道’。”回到教室，幼儿的手里不是拿着几片无患子树叶，就是拿着几根树枝，还有的手腕上戴着用树枝做成的“金镯子“，幼儿的这些表现，让教师觉得选择无患子做课程是正确的。

3.提高了分析和解决问题的能力

在社群服务劳动研究中，教师成为了幼儿发展的支持者。教师运用专业知识审视教育实践，发现、分析、研究、解决问题，启发幼儿进行有意义的探索活动，在活动中引发幼儿活动的积极性和学习兴趣，并作为活动的角色之一参与到幼儿的活动之中。

在进行到“大树的外衣”这一部分时，正在观察各种树皮的孩子们，在茶园发现了一棵被围起来的香樟树。于是孩子们就有了疑问：“为什么这棵树要被围起来？”资源管理员顾老师说，因为这棵大树生病了，里面有虫子，虫子从树干里面开始破坏大树，等到大树的树皮被虫子吃了大家才发现，但已经晚了，专业养护植物的爷爷说没有办法救活它了。看着树干上出现的大洞，我们从孩子们的脸上看出了惋惜、不舍。回到教室后，萌萌和熙熙围绕“我们会不会也因为生病而死掉？”展开了对话。看到孩子们对于生命的陨落有些想法，但是这个活动不在计划内，而且“生老病死”这个话题对于幼儿会不会太沉重了？要不要引导幼儿探究呢？于是两位教师进行了短暂的商讨。经过讨论，教师们都认为可以根据幼儿的话题进行调整，开展一些关于动物、植物繁衍生息的活动。于是教师给孩子们播放了植物的种植、发芽、生长、开花、结果、枯萎的过程，以及动物的生长视频。通过视频以及教师的讲解，孩子们了解到生命是脆弱的，在生长过程中会遇到各种各样的阻碍。孩子们还由此想到自己生病的时候爸爸妈妈是怎么照顾自己的，要是爸爸妈妈生病了，自己能做些什么呢？展开讨论的同时，有的孩子还拿出了自己的游戏记录本，在上面画出自己会怎么照顾生病的家人。这本是一场“非正式”的活动，也提示我们在有计划的同时，更难得的是课程的生成，让教师有了追随幼儿的兴趣和需要的动力和信心。

当观察到幼儿的行为表现，教师会介入进来，而这样的介入又会让幼儿感受到温暖、自信，感受到自己是积极的、有能力的。这样的幼儿内心是自信的、快乐的。我们要让幼儿走得慢一些，享受课程带来的成长，以获得终身可持续发展的能力。

4. 发展了协调能力

（1）搭建平台，强化合作

马拉古奇说：“我认为没有关系就没有存在的可能性，关系是生活的必需品。”教师之间的“关系”为我们倡导可持续性教育提供了强有力的平台。我们提供让大家团结起来的动力、基础和“黏合剂”，所有员工都为幼儿园价值观的形成贡献力量。因为一个强大、高效和积极响应的团队对于研究来说至关重要，组织成员对课题研究具有强烈的共有感，大家愿景清晰，不断产生新想法。我们把“社群服务劳动”当作一个载体，运用这一载体建立一个更强大的团队，培养员工的主人翁意识。通过班组、级组、园级教研活动，互助共赢，一起提升幼儿园劳动课程的实施水平。

（2）四位一体，协调推进

每个班级配备两位教师一位保育老师，涉及劳动项目实践的班级会有蹲点行政人员入驻，形成项目小组顾问、组长、副组长和助教。他们在课程管理中需要具备不同的能力。顾问：专业指导的能力。课程研究中教师难免会遇到各类问题和困惑，顾问要以高度的专业智慧给予项目组教师最大支持，并把课程中的细节和关键点指导到位。组长：第一，课程领导的能力。组长在课程研究中要有自己的主张，带动项目组成员共同梳理课程脉络，探索实施路径，并能系统思考各项工作的目标及内容，积极付诸实施。第二，分工统筹的能力。副组长：第一，高度的责任心。要成为一个项目活动的副组长，最重要的特质是具有高度的责任心，积极配合组长管理好班级事务，将审议后的指导策略运用起来，有时候甚至能独当一面。第二，观察记录的能力。养成观察的习惯，及时将幼儿的行为、语言等用多种手段记录下来，为后续的研究提供真实素材。助教（课程实施中，助教可以是保育老师，也可以是研究话题领域擅长的家长或社会人士）：第一，随机应变的能力。保育老师的角色不可或缺，两位组长难免会有忽视的环节，特别是在生活活动、安全等方面，这时候助教要有敏锐发现问题、分析问题和妥善解决问题的能力。第二，指导幼儿活动的能力。他们各司其职，统筹合作，密切配合，有序推进课程深入开展。

（3）多方奔赴，联结美好

社群服务劳动服务于与幼儿相关的他人及群体，幼儿的同伴、幼儿园工作人员、家庭成员、社区人员都因这个项目产生了交往，加强了联系，促进了沟通。在社群服务劳动的开展中，我们定期在线上和线下与专家、优秀姐妹园骨干教师对话交流。为了使活动有序开展，我们与社区工作人员进行接触交谈，园长还经常与政府、社区各部门进行沟通，寻求政府支持和社区配合，助力幼儿园发展等，所有的互动交往在一定程度上拓宽了教师的教育视野，打破了教师固有的思维方式，促使教师多角度思考、多方位尝试，为高效推进课程开启了一次次双向奔赴的美妙旅程。

在社群服务劳动的研究中，更需要相互配合。全体参与者在大自然、大社会中，可以找到许多活教材和活教具。教材多了，教具多了，环境也变了，大家互相鼓励、暗示，出现了教师教教师、儿童教儿童、家长教教师等学习、研究的现象，催生了一种“草根”合作的学习文化。这种文化会为幼儿、教师、家庭乃至社区中每个人的学习提供支持，彼此加深了解、增进情感。陶行知先生有一种美好的愿望，就是使社会的各个方面均依赖于教育的作用。我们也力求通过社群服务劳动与幼儿发展联结，让孩子们去创造更美好的未来。

第二章

社群服务劳动的要素

苏霍姆林斯基指出："儿童的智慧出在他的手指头上。"幼儿在实践中学得越多，感悟得越深刻，就越能做到知行合一。社群服务劳动的实施是一个整体推进的过程，应紧密联系生活，通过对社群服务劳动的目标、内容和资源进行开发、梳理与完善，为社群服务劳动的实施提供载体并指引方向。

第一节
社群服务劳动的目标

新时代我国的劳动教育是基于人、培养人、发展人的教育，最终的目的是“立德树人”。幼儿劳动教育不是“教育幼儿劳动”，而是幼儿的劳动意识启蒙、劳动能力初步发展、劳动观念初步建立的劳动教育；是一定体力劳动基础上的体脑合一、身心合一、知行合一、学创合一的劳动教育。《纲要》指出：“幼儿园应与家庭、社区密切合作，与小学相互衔接，综合利用各种教育资源，共同为幼儿的发展创造良好的条件。”社群服务劳动，旨在引导幼儿在服务他人的过程中，树立劳动惠及他人的观念，逐步萌发对集体的责任感、热爱劳动的态度和情感。

一、目标建构的依据

幼儿的生长发展需要、社会发展需要以及国家与地方纲要的要求形成了“社群服务劳动”立体化的目标。社群服务劳动目标建构的依据有如下三点。

其一，幼儿的生长发展需要。3—6岁幼儿的自我意识开始萌发，社群服务劳动能够帮助幼儿在自我服务的基础上，参加力所能及的劳动，萌发合作的意识，增强集体荣誉感，体验为他人服务的快乐，形成初步的责任感和服务意识，形成与自然、社会的良性互动，从而达成可持续发展。

其二，未来社会需要高水平人才培养体系。社群服务劳动推动幼儿深入生活、接触社会、参加各种形式的公益劳动，其意义不只在做事本身，不只在当下，而是在长远和未来，助力幼儿形成科学的劳动情感和态度、掌握基本的劳动方法和能力。服务精神和服务习惯在一定程度上就是劳动精神和劳动习惯，并且是为着他人、集体、国家和人类的，是需要通过劳动去实现的。幼儿在社群服务劳动的过程中能够学会认知、学会做事、学会合作、学会生存。

其三，《意见》、《幼儿园工作规程》（以下简称《规程》）、《纲要》与《指南》则是本教育内容实施目标的主要依据。《意见》指出，学校应把准劳动教育价值取向，引导学生树立正确的劳动观，崇尚劳动、尊重劳动，增强对劳动人民的感情，报效国家，奉献社会。劳动是在真实的生活中发生的，要充分利用幼儿的现实生活环境，拓宽空间，面向更多的人群和任务，加强对幼儿劳动的规划和引导，真正促进幼儿的全面发展。

二、目标体系

（一）总目标

通过社群服务劳动，提高幼儿的劳动素养，促进幼儿形成积极的劳动态度，培育幼儿全面发展的人格；涵养幼儿热爱劳动、乐于助人、主动探究、独立思考、团结协作、坚韧耐心的劳动品质。根据幼儿身心发展规律，参考《指南》对幼儿学习与发展的阐述，依照“社群服务劳动”实施路径，我们将总目标转化成幼儿发展目标，这样相对于《指南》《纲要》，既有参照又有调整，力图促进幼儿全面而富有个性的发展。

（二）阶段目标

总目标从认知、情感态度、能力三个维度又各分为三个层次，相对应于3—4岁、4—5岁、5—6岁年龄段幼儿的发展，便于教师根据幼儿的实际水平不断地调整目标，促进幼儿在不同水平上的发展。教师认真学习和领会《指南》精神，以此来完善和修订各年龄段发展目标，使目标更具体化，形成目标的层次性，以保证总目标的落实。

1. 认知方面

3—4 岁	4—5 岁	5—6 岁
• 能用简短的语句表达自己的想法 • 好奇、好问，对周围事物有兴趣，会用感官直接感知和记住周围常见的事物和现象，有形象思维能力 • 能初步按实物数量和特征进行计数、分类和排序 • 学习欣赏与生活经验有关的、具有鲜明色彩和简单造型的物品和作品	• 愿意与他人交谈，能基本完整地讲述自己活动过程中的所见所闻 • 对生活中常见的劳动标识、符号感兴趣，知道它们表示一定的意义 • 喜欢接触新事物，经常问一些与新事物有关的问题 • 能对事物或现象进行观察比较，发现其相同与不同之处 • 能用图画或其他符号进行记录	• 会连贯、清楚、较完整地用语言表达自己的意愿 • 敢于提出不同意见，能评价和补充别人的发言 • 对事物变化发展的过程感兴趣，喜欢探究、操作、实验，能用一定的方法验证自己的猜想 • 形成初步的规则意识、合作意识和任务意识 • 能发现生活中许多问题可以通过数学的方法来解决，体验解决问题的快乐

2. 情感态度

3—4 岁	4—5 岁	5—6 岁
• 喜欢承担一些小任务，愿意参加劳动活动 • 体验参加劳动的快乐，对劳动感兴趣 • 为自己的劳动成果感到高兴 • 自己能做的事情愿意自己做	• 愿意承担力所能及的自我服务和集体服务劳动，初步养成爱劳动的习惯 • 能爱惜与尊重自己与他人的劳动成果，具有自尊、自信、自主的表现 • 知道接受了任务一定要完成 • 敢于尝试有一定难度的任务 • 能注意到别人的情绪，并有关心、体贴的表现 • 愿意关爱弱小者，有爱心和同情心，愿意帮助自己的劳动伙伴	• 积极进行力所能及的劳动，愿意服务自我、服务他人、服务集体 • 尊重为大家提供服务的人，珍惜他人的劳动成果 • 有问题愿意向别人请教 • 能与同伴分工合作，发生冲突时协商解决 • 能倾听和接受别人的意见，同时敢于提出不同意见并说明理由 • 形成初步的规则意识、合作意识和任务意识 • 能关注他人的情绪和需要，并给予力所能及的帮助 • 能认真负责地完成自己所接受的任务 • 爱护公物，保护周围环境，注意节约资源

3. 能力方面

3—4 岁	4—5 岁	5—6 岁
• 能参加简单的劳动，做自己能做的事，如收拾玩具、图书和日常用品 • 愿意尝试使用简单的工具和材料，有初步的自我服务能力 • 知道饭前便后要洗手；有初步的生活与卫生习惯，会正确地洗手、独立进餐、入睡、如厕等 • 有基本的生活自理能力，如自己穿脱衣物、叠衣服、穿脱鞋子等 • 好奇、好问，对周围事物有兴趣，会用感官直接感知和记住周围常见的事物和现象，有形象思维能力	• 掌握一些基础活动技能（如观察、分类、测量、思考等），以及操作和解决问题的方法与技能 • 能手眼比较协调地操作材料和工具，如使用筷子、双面胶、锤子、剪刀等 • 能独立穿脱并整理衣服，会整理床铺 • 能听各种口令和信号，做出相应的动作 • 在成人的提醒下，能够保持正确的劳动姿势 • 能在较热或较冷的户外环境中连续活动半小时左右 • 有初步的自我保护意识，知道简单的求助方式	• 形成良好的生活与卫生习惯以及生活自理能力，会系鞋带，能按类别整理好自己的物品 • 能选择适宜的劳动工具和材料，并较熟练地使用 • 喜欢探究、操作、实验，积极尝试用多种认知方法发现问题，解决问题 • 能创造性地表现自己的认识和感受 • 学习使用常见科技产品的方法，具有服务自我、他人和社会的能力 • 能够保持正确的劳动姿势 • 能用图画或其他符号记录劳动过程及劳动中的感受 • 具有自我保护意识，知道跌破、划伤等外伤的处理方法，知道简单的求助方式

第二节
社群服务劳动的内容

《纲要》指出：教育活动内容的选择应既适合幼儿的现有水平，又有一定的挑战性；既符合幼儿的现实需要，又有利于其长远发展；既贴近幼儿的生活来选择幼儿感兴趣的事物和问题，又有助于拓展幼儿的经验和视野。我园社群服务劳动教育内容以《纲要》为依据，围绕落实社群服务劳动课程提出的总目标，即“提高幼儿的劳动素养，促进幼儿形成积极的劳动态度，培育幼儿全面发展的人格；涵养幼儿热爱劳动、乐于助人、主动探究、独立思考、团结协作、坚韧耐心的劳动品质”。

一、内容选择的依据

社群服务劳动教育内容选择的广度，决定了研究的整体性和多元性；内容选择的来源，影响了劳动教育研究的程度。因此，劳动教育内容的选择不仅是一项常态的工作，更是一项十分重要的工作。社群服务劳动内容选择的依据如下：

第一，基于幼儿当下的经验。随着二胎、三胎政策的推行，很多家庭都生育了二宝甚至三宝，相较于独生子女家庭的幼儿，多胎家庭的幼儿跟同伴交往的意愿逐渐增强。随着社会的发展，现在的父母越来越注重家庭教育，常会带幼儿去不同的环境与他人交往，幼儿的社会交往能力普遍提升。根据最近发展区理论，内容的选择要考虑幼儿的已有经验、日常生活需要、实际生活环境等，使幼儿在服务社群的过程中，在合作、分享、助人等亲社会行为中获得最大限度的成功体验，助推幼儿在最近发展区获得发展。

第二，具有师幼可共同参与的特性。劳动，是幼儿身心共同参与的、与外部世界发生交互作用的、持续性的实践行动。苏霍姆林斯基曾经断言：“脱离劳动，没有劳动，就没有也不可能有教育。”具有师幼可共同参与的特性是社群服务劳动教育内容选择最基本的原则，强调了一种师幼平等的关系，教师和幼儿亲临劳动场域、亲身经历劳动，幼儿主动思考，共同探索解决问题，在劳动过程中，整体关照德、智、体、美各方面的发展。

第三，具有动态可变性。服务源于需求，社群资源的变化决定着内容选择的灵活性。时代在不断发展，资源在不断更新，由此，内容的选择也应顺应时代的变化，呈现动态可变的特点，助推幼儿个性化地发展。

二、内容体系

我们关注幼儿的生长需要，关注现实生活，关注周边资源……来自不同层面的内容，让我们的社群服务劳动教育内容不断地开拓创新，具体来说，课程内容来源于以下三方面。

（一）源于幼儿生长需要的内容

幼儿的生长需要是指幼儿因生长发育而自然产生的内在要求和愿望，它给幼儿提供了学习和发展的内驱力，幼儿正是在不断满足生长需要的学习活动中得以主动发展的。《指南》指出：“幼儿的发展是一个持续、渐进的过程，同时也表现出一定的阶段性特征。”因此，课程内容应考虑到幼儿的年龄发展特点，不能超越幼儿现有的发展水平，“揠苗助长”地强迫发展。我们为幼儿准备的环境要符合幼儿学习生活的条件，准备的材料应取自其生活环境等。

习近平总书记指出：“从小要树立劳动光荣的观念，自己的事自己做，他人的事帮着做，公益的事争着做。”社群服务劳动教育的价值取向是促进幼儿全面发展，主体是幼儿，践行者也是幼儿。例如，小班下学期，孩子们的自理能力、劳动能力都有所提升。感官是幼儿认识周围世界的重要工具，是幼儿与外界联系的主要通道。“能干的小手”主题活动，通过“认识小手”“我的小手真能干”“保护小手”这三个活动，从“手”出发，以具体的劳动活动帮助幼儿提升动手能力、劳动能力。

教师因时、因地、因幼儿的实际情况，思考和选择活动内容，使社群服务劳动教育内容处于动态发展中，保持灵动，这样更契合幼儿不断变化发展的实际，满足其身心发展需要，使幼儿获得劳动的成就感。

（二）源于幼儿生活的内容

杜威认为：“教育应当是生活本身，生活和经验是教育的灵魂，离开生活和经验就没有生长，也就没有教育。”他还提出了“教育即生活”的教育命题。我国教育家陶行知先生将杜威的教育命题中两个关键词互换位置，提出了“生活即教育”，意味着生活是教育的中心，生活决定教育。同时陶行知还多次把生活教育阐述为“生活的教育”“为生活而教育”“用生活来教育”，生活成为其主张的教育的源泉、中心。虞永平教授认为：“只有真正关注生活世界的教育才是为了完整的、真实的人的教育。重建儿童的生活、关怀儿童的生活，也就成了基础教育改革的前提性或根本性的工作。”劳动是生活的第一需要，劳动就是人的生活，劳动与生活结为一体。因此，选择与幼儿生活息息相关，来自幼儿身边的真实的人、事、物作为课程的内容，引领幼儿在回归自己的生活世界里形成“完全的人”，这是体现社群服务劳动课程本源的根本特性。

1. 源于家庭生活的内容

家庭是幼儿出生后接触的第一个社会环境，是幼儿一生中的第一所学校。让幼儿做力所能及的家务劳动，能让幼儿更清晰地评价自己处理事务的能力，认识到自己的劳动对于家庭的作用，完善自己的人格。家庭生活中处处皆有幼儿劳动的机会，从穿衣戴帽、铺床叠被，到洗衣做饭，甚至房屋修缮、家庭理财等，均是可以开发利用的劳动教育资源。幼儿掌握的生活知识和技能越多，独立自主能力也就越强，才能够更好地面对生活中所遇到的问题，并努力克服和解决问题。但并不是所有的劳动幼儿都会去关注，也不是所有的劳动都适合幼儿探究学习。这就要求教师用专业的眼光，站在幼儿发展的角度，去筛选适合不同年龄幼儿需要学习的内容。

2. 源于幼儿园生活的内容

幼儿园是幼儿人生中的第二所学校，是幼儿独立面对社会的开端。幼儿进入幼儿园后，白天主要的时间都是在幼儿园度过的。他们在幼儿园进行的班务劳动、园所环境美化、照顾植物生长、修补破损玩具等，都是幼儿园里发生的鲜活的劳动故事。幼儿在园的生活劳动与家庭生活劳动，既有联系也有区别；既有共同的地方，也有不同之处。例如，孩子们在幼儿园里散步的时候，发现从小八班到百耕园的一条用木头铺成的小路出现了问题：许多木头因为腐烂而变得高低不平，无法正常通行，而另一边的小路也因为时间久了，下雨天非常泥泞。因此，孩子们在班级内开展了对“小路”的探讨，从小八班去百耕园不能没有路啊！那如何解决呢？最终大家提出要修路。

正如苏联教育家苏霍姆林斯基所指出的：“劳动以外的教育和没有劳动的教育是不存在、也不可能存在的。”但是幼儿园所开展的劳动也不仅仅是指体力劳动，幼儿园的劳动教育，必须与幼儿的全面发展联系起来，使劳动成为幼儿认识事物、探索世界的重要学习途径，帮助幼儿形成正确的劳动认识、树立积极的劳动态度，从而培养幼儿热爱劳动、热爱劳动人民的思想情感。劳动教育内容并非适合所有的幼儿，教师需要运用专业的眼光进行筛选和整合，再结合幼儿的发展需要进行实践探究。

3. 源于社会生活的内容

劳动是人与人联系的媒介，赋予了人存在的价值。社会生活实际是幼儿家庭生活圈和幼儿园生活圈的扩展，这里主要包括社区环境和社会环境。幼儿家庭和幼儿园所处的社区环境是幼儿接触社会生活最直接、最多的地方。社群服务劳动是对幼儿园内劳动的补充。社会是一个广阔的天地，是一个大课堂，也是一个丰富多彩的世界。走进自然、亲近自然，走进社会、接触社会，充分利用劳动教育实践基地和其他社会资源，采用不同的劳动形式，拓展多样化的劳动内容，发挥社会的支撑作用，开拓劳动教育的大课堂，形成家庭、幼儿园、社会合作育人的劳动教育体系。例如，暑期得知幼儿园的水梨成熟了，正在放假的孩子们主动结伴来到幼儿园采梨。搬梯子、爬梯子、互相配合采梨，数一数、称一称，哇！总共有 29.2 斤。葡萄也成熟了，大家赶紧带上剪刀，搬来梯子采摘葡萄，葡萄也有 30 斤呢！收获了这么多甜滋滋的水果可真开心！可是幼儿园的小朋友、老师们都放假了，这些水果怎么办呢？于是孩子们想到分享给依旧坚守岗位、保护幼儿园的保安叔叔们，他们还想到，盛夏三伏仍奋战在一线的环卫工人、交警……以及幼儿园附近的子胥花苑小区里那些孤独的年迈老人。拎起自己采摘的水果，向着快乐的分享之路，孩子们出发啦！

《纲要》指出：要善于发现幼儿感兴趣的事物、游戏和偶发事件中所隐含的教育价值，把握时机，积极引导；关注幼儿在活动中的表现和反应，敏感地察觉他们的需要，及时以适当的方式应答，形成合作探究式的师幼互动。关注幼儿在周边环境和实际生活中遇到的事情，关注当下幼儿的聚焦点。劳动起源于需要，需要的主体可以是人，可以是任何有生命的物体，乃至我们赖以生存的社会环境、地球等。社群服务劳动强调幼儿的已有经验，重视幼儿的兴趣和想法，支持幼儿进行有意义的劳动与学习，体现了社群服务劳动课程的“儿童本位”理念。例如：散步时，幼儿发现山洞破损，于是决定修补山洞；春游时，孩子们发现胥江河及欢乐广场有乱扔垃圾的现象，于是进行了一系列环保宣传活动，并在胥口镇政府的支持下，将活动视频制作成二维码张贴到胥江河健身步道及周边广场，等等。总之，源于生活的内容一定不能离开“幼儿”这个主体的发展趋势，这样才能使课程的开展真正以幼儿的发展为基点。

第三节
社群服务劳动的资源

资源开发的过程，亦是为幼儿的“社群服务劳动”提供各种支持的过程。在社群服务劳动中，资源是指支持幼儿进行社群服务劳动过程中可以利用的一切人力、物力、社会文化以及自然因素的总和。资源的质量左右着劳动教育的质量，劳动资源在哪里，劳动教育的途径就可以延伸至哪里。

一、资源开发的依据

任何资源如果不能与幼儿的活动相结合，就无法成为幼儿感知、操作、体验的对象。结合幼儿的生长需要，深入发现和挖掘资源价值，我们在筛选、鉴别资源时，需要考虑以下三个因素。

其一，判断资源的生活性。选择与幼儿的生活息息相关，来自幼儿身边真实的人、事、物作为社群服务劳动的资源，引领幼儿在回归自己的生活世界里形成“完全的人”。

其二，判断资源的可行性。无论实施什么样的活动，都需要考虑资源是否可以为幼儿所获取，使幼儿能最大限度地参与其中，获得丰富生动的体验，生发更多的新经验。

其三，判断资源的动态性。基于不同幼儿探究的需要，资源的发现、挖掘、审议和改进应是一个动态的过程，从而使他们对活动充满好奇和向往，最大程度地支持幼儿建构有益经验。

二、资源体系

家庭、幼儿园、社会三方共同为幼儿营造轻松和谐的劳动氛围，提供支持性环境，融合有效资源，积极支持幼儿在不同场域进行操作、探索、思考和参与，与大自然、社会进行充分互动，获得身心全面发展。

（一）幼儿园资源

劳动教育的主要场域是学校。挖掘社群服务劳动的幼儿园资源，是进行社群服务劳动必须做的一项重要工作。根据社群服务劳动课程自身的体系结构，结合幼儿园资源的来源方式，我们将幼儿园资源划分为班级资源、共享资源，其中，共享资源包括自然资源、设施设备资源及人力资源。

1. 班级资源

《指南》指出，幼儿的学习是以直接经验为基础，在游戏和日常生活中进行的。要创设丰富的教育环境，最大限度地支持和满足幼儿通过直接感知、实际操作和亲身体验获取经验的需要。班级劳动教育是在班级内开展的一种特殊形式的教育过程。幼儿年龄小，对周围的事物感到新鲜有趣，喜欢独立完成自己能够完成的任务，而且为自己能够完成任务而骄傲。班级的一日生活中，处处蕴含着劳动教育的契机：从自我服务到服务他人，从独立劳动到集体合作劳动，例如整理玩具和床铺、收拾餐具、打扫卫生等，幼儿的劳动技能与素养都在不断提升。同时，班级教师、保育员、同伴及家长的经验、兴趣、感受，亦是宝贵的劳动教育资源。例如：幼儿园里捉来了十几只小鸭，大四班幼儿决定为小鸭建造新家。可是在建造的过程中，幼儿遇到了各种各样的难题。大家一起讨论如何解决问题时，了解到阳阳爷爷是泥水匠，于是他们把这位造房子的专家请进幼儿园。在阳阳爷爷的技术支持下，小鸭子的新房终于造好了！造房子的每一个环节都存在着挑战，但是幼儿没有放弃，他们发现问题、克服困难、解决问题，在与家长共同劳动的过程中，更是感知了劳动和劳动者的美。

2. 共享资源

服务是和需要联系在一起的，在服务之前，首先要识别、理解服务对象的需要，因为服务就是造福他人。在幼儿园的共享空间里，同样蕴藏着大量的劳动契机。例如：

大六班幼儿在散步时发现弟弟妹妹最喜欢的小山洞洞口的石块松动脱落了，十分危险，于是他们决定修补山洞。他们调查，制订计划，收集材料，在科学区进行水泥调配实验……山洞修补好后，他们还将修补山洞的故事以及关于保护山洞的想法说给弟弟妹妹听。在服务他人的过程中，他们感受劳动、服务、共享，收获成长和喜悦。

户外散步时，大四班幼儿发现有一棵枇杷树倒了。通过调查，他们发现有好几棵树需要保护。于是他们统计、比较、选择合适的保护方法，寻找材料，引发了一次暖心护林行动。遇到困难时，他们坚持探索、与同伴合作，在解决困难的同时也锻炼了意志……幼儿园的设施设备、自然环境是幼儿在园生活学习和课程顺利进行的基础条件，充分地挖掘与利用这些资源，可以使它们发挥最大的教育价值。

幼儿园的人力资源除了包括与幼儿朝夕相处的班级教师、保育员、同伴及家长外，还包括与幼儿在园生活密切相关的所有工作人员（如资源管理员、保健教师、厨房工作人员、保安等）和其他幼儿等。例如：由于疫情的影响，家长不能陪着幼儿入园了，这可急坏了小班新生的家长们。能干的大班哥哥姐姐化身为爱护弟弟妹妹的文明小天使，护送弟弟妹妹去班级，在服务他人的过程中感受到劳动带来的成就和满足，是疫情下最纯真的爱的关怀、爱的传递。

社群服务劳动幼儿园劳动资源梳理表

年龄段	资源类别	可能引发的活动	关键经验
小班	班级资源	玩具管理员	能将玩具、图书按照标记进行分类整理
		小小值日生	1. 保持个人卫生，关心周围环境，看到垃圾主动捡起 2. 能简单使用一些劳动工具，如毛巾、盘子等
	共享资源	环境小卫士	1 知道要爱护环境，户外活动时能保持卫生清洁 2. 不嫌脏，能对户外垃圾进行初步的分类投放
		我的“六一”我做主	利用彩带、气球等材料装饰班级环境
		玩具管理员	1. 会用抹布擦拭滑滑梯、攀爬架等简单的大型玩具 2. 能将玩具按照形状分类放入对应的箱子里
中班	班级资源	小小值日生	1. 愿意为同伴服务。如餐点前，能按照小组人数分餐具；活动后，能帮助有需要的同伴将玩具分类摆放好 2. 感知自己是集体的一分子，有责任心。如餐点结束后，愿意清扫地上的残渣米粒 3. 合理进行垃圾分类，初步养成良好的垃圾分类习惯
		图书管理员	会爱护图书，能够与同伴大胆地探索修补图书的方法
	共享资源	我的“六一”我做主	能和老师、同伴分工合作，创意布置幼儿园环境，营造快乐的节日氛围
		暖心护树员	1. 与同伴商量爱护树木的方法，探索制作护树标记 2. 能利用身边的废旧材料制作护树标记宣传爱护树木的方法
		沙子大搬家	1. 能动手动脑，和同伴一起想办法解决问题 2. 敢于尝试有一定难度的活动和任务，做事有始有终，能够使用收集的工具探索多种运沙方法
		环境小卫士	保护幼儿园环境，主动进行垃圾分类，节约用水、用电
		玩具管理员	1. 能够根据户外玩具的基本特征进行分类 2. 能够选择合适的工具清洗小车、大型器械玩具等
大班	班级资源	我是值日生	1. 能使用不同的清洁工具清洁班级卫生，如毛巾、水桶、鸡毛掸等 2. 将垃圾进行分类，养成良好的垃圾分类习惯 3. 分类整理玩具、图书等，养成良好的整理习惯

续表

年龄段	资源类别	可能引发的活动	关键经验
	共享资源	爱心小天使	能关注小班弟弟妹妹的情绪和需要，给予他们力所能及的帮助
		环境小卫士	1. 能够设计安全标识，并用图画的方式表现出来 2. 商量、绘制环保图，并在幼儿园环境中呈现、宣传
		玩具管理员	1. 认识几种常见的洗涤用品，做好玩具清洁工作 2. 清洗玩具前做好防护措施，不弄湿衣物 3. 与同伴分工合作，清洁时注意节约用水
		暖心护树员	1. 能制订简单的护树计划并执行 2. 根据制订的计划，主动搜集护树工具及材料
		小小修路工	1. 愿意用图画和符号表现铺路、选择工具等计划，动手动脑，寻找问题的解决方案 2. 能与同伴分工合作，遇到困难不放弃，共同克服 3. 坚持修路，体验为集体做事的快乐与自豪感
		我为小动物造房子	1. 能用连贯的语言表达设计想法和关爱小动物的情感 2. 了解建造房子需要的材料、步骤等；探索材料的多种用途，自主选择材料和工具 3. 对给予自己帮助的人表达感谢，感受帮助与被帮助的愉悦
		修补山洞	1. 发现问题，积极为他人与集体服务；有为别人着想的同理心 2. 能够与同伴分工合作，给予同伴力所能及的帮助，尊重为大家提供服务的人，珍惜他人的劳动成果

（二）家庭资源

家庭是人生长和生活的场所，父母堪称孩子的第一任老师。德国教育家福禄贝尔认为，家庭成员共同劳动和彼此帮助是家庭生活的基础，既然儿童参与家庭生活，那么他们就要参与其中的家庭劳动。好的家庭、好的家务劳动会让幼儿更加具有独立自主意识、自信自强意识、合作探究意识，使幼儿具有良好的素养与过硬的生活本领，体会到父母操持家务的辛苦和不易，懂得感恩，更加积极地面对生活、面对世界、面对人生，从而更好地走进社会、融入社会，迎接一个又一个挑战，实现自我完善与超越。

家庭生活中的各类家务就是家庭中的劳动教育资源。在家庭生活中，衣食起居的方方面面，在营造温馨氛围的同时，也处处体现着劳动的价值、劳动的态度。家庭劳动意味着体力与智力的付出，家长必须让孩子明白，他有获得家庭养育的权利，同时也有通过劳动为家庭做出贡献的义务与责任。因此，劳动教育不仅是孩子获得锻炼成长的机会，也是维系家庭成员关系的一条途径。

在家庭劳动教育中，除了各种家务，父母等家庭成员的劳动故事和经历、劳动技能和技艺、劳动态度、劳动价值观等都是进行家庭劳动教育的宝贵资源。只要家长具有对幼儿进行劳动教育的意识，并在幼儿进行劳动的过程中，有意识、有目的地对幼儿进行引导和教育，就可以将这些宝贵的资源转化为进行劳动教育的家庭课程，转化为融生活和劳动、学习于一体的生活化劳动教育课程，并在劳动中陶冶幼儿的劳动情操。

社群服务劳动家务劳动资源梳理表

年龄段	资源类别	可能引发的活动	关键经验
小班	衣	整理衣物	有基本的生活自理能力，能够借助儿歌简单整理衣物
	食	擀面皮	愿意参加美食活动，乐意摆弄各种制作美食的工具与材料
		搓圆子	学习制作美食的基本步骤和技巧，如搓、揉、捏等
		整理碗筷	知道用餐结束后需要收拾碗筷，养成良好的用餐习惯
	住	整理玩具	1. 知道应将玩具放回原处，逐渐养成收拾整理自己物品的好习惯，并喜欢承担此类小任务 2. 在成人的帮助下，尝试按大小、形状等特征对玩具进行分类整理
		打扫卫生	1. 愿意打扫卫生，具有初步的生活自理能力 2. 乐意感知和摆弄能够直接接触到的劳动工具
中班	衣	叠衣服	1. 愿意整理自己的衣服，愿意帮助家人叠衣服 2. 掌握叠衣服的方法
		洗衣物	能够学会搓洗的技能，了解洗衣用品的使用方法
	食	擦桌子	能把桌上的米饭收拾干净，并用抹布把桌子擦干净
		收拾碗筷	1. 餐前，能根据用餐人数准备好碗筷 2. 用餐结束后会主动收拾碗筷
		择菜、洗菜	1. 能分辨、挑拣不同蔬菜的可食部位 2. 学习洗菜方法，不把菜洗烂
		制作美食	1. 尝试制作简单的美食，如饺子、馄饨 2. 家长烹饪时愿意主动尝试一些小任务，如打蛋
	住	整理玩具	游戏后，能够主动按玩具的种类进行分类整理
		打扫卫生	1. 熟悉拖地和扫地的技能，与家长一起完成拖地和扫地 2. 知道做家务的辛苦，有家庭小主人的意识
	行	准备行李	1. 了解行李包括的物品，如衣服、生活用品、食物等，并且知道整理行李的好办法 2. 能够自己整理自己的行李，自己的事情自己做
		洗小车	寻找需要的材料，清洗自己的小车，进行冲洗、擦拭、擦干等
大班	衣	系鞋带	1. 掌握基本系鞋带的方法和步骤 2. 学会自己能做的事自己做，增强自我服务的能力
		整理书包	学会独自分类和整齐摆放主要学习用品，为入小学做好自理能力准备，有自我服务的意识
		洗碗、衣物、玩具等	1. 在清洗的过程中感知清洗的方法和需要注意的问题，意识到自己是家里的一分子 2. 提高生活能力与责任心，养成爱干净、爱劳动的好习惯

续表

年龄段	资源类别	可能引发的活动	关键经验
		收纳整理	学习折叠、分类与配对等收纳能力。例如：袜子和手套要一对一对地折在一起，衣、袜、裙、裤等衣服根据属性放进不同的抽屉或者橱柜里
大班	食	洗菜、择菜	1. 了解不同的蔬菜如何择拣，并把菜洗干净 2. 学会辨认哪些菜是坏了不能要的
		烹饪	1. 了解做菜的基本方法，如：了解放入食材的先后顺序，认识简单的调味料，了解放入的量和先后顺序等 2. 了解厨房安全知识，知道不能玩火、玩电，不能随意触摸电器开关，不接触煤气
		制作面点美食	1. 学习面点美食的操作技能，在制作美食过程中大胆创新 2. 制作美食结束后和家长一起整理工具
	住	打扫卫生	1. 认识更多的劳动工具，科学使用劳动工具 2. 学习正确的扫地方法，培养做事情的秩序感
		整理卧室	1. 学会叠被子等基本的生活技能，自己的事情自己做 2. 能将房间收拾得干净、整洁、井井有条，提升梳理、规划事情的能力 3. 分类归纳东西，不断提升思维能力
		照顾家人	1. 学会照顾弟弟妹妹，能够满足他们的需求，会恰当地表达关爱的情感 2. 在参与家务劳动的过程中感知家人的辛苦，并能够在家人需要时提供力所能及的帮助
	行	制订出行计划	1. 能结合自己的生活经验，与家人合作制订合理的出行计划，并按计划准备合适的旅游物品 2. 懂得在出行的过程中要保护好自己，不跟陌生人走，不吃陌生人的食物
		整理行李	1. 尝试整理行李，能按类别整理好自己的行李 2. 提高生活自理能力，培养责任感和自信心
		洗车	1. 在看、听、做的过程中，能够选择合适的洗车工具清洗车辆 2. 在体验的过程中，感受洗干净车的不易，爱惜物品

（三）社区资源

虞永平教授指出："社会服务是从邻里服务开始的，在缺乏邻里交往的时代，邻里服务也必然缺乏，因此，走进社区，参与社区活动，共享社区生活，是幼儿园劳动教育重要的生长点。"社区资源不仅弥补了园内资源的有限，还发展了幼儿的社会意识和社会情感，丰富了幼儿的经验，具有综合性、多样性、挑战性、低安全性，所以组织活动时需多方支持。社区资源包括公共场所（如街道、广场、小区等）、幼儿园周围的社会设施（如敬老院、环境卫生管理站、名胜古迹等）与人力资源（如警察、消防人员、医生等）。

非洲有一句谚语：养育一个孩子需举全村之力。这句话说明了，养育一个孩子，并不能单纯地把责任归为父母，幼儿身边的人，哪怕是一个陌生人，都可能会对其造成影响，甚至影响到其未来。幼儿园所处的社区环境是幼儿教育不可剥离的教育底色，幼儿在走进真实的社会生活，参加服务性劳动的同时，对家乡的爱也变得具体实在。本园与颐乐苑（敬老院）、子胥花苑（小区）、胥江欢乐广场、胥口环境卫生管理站进行了社群服务劳动实践基地授牌，为幼儿社群服务劳动走向园外搭建了桥梁。丰富的社区资源，让幼儿熟悉了社会中的各个场所，了解了其社会功能，体悟到与人合作、甘于奉献的乐趣，体验了劳动创造幸福的过程，更加关注劳动的过程，建立对同伴、他人、社会的关怀态度，促进了社会性发展。

社群服务劳动社区劳动资源梳理表

资源基地	可能引发的活动	关键经验	年龄段
子胥花苑（小区）	社区大扫除	1. 能根据平时发现的问题制订大扫除计划，规划并选择合适的劳动工具 2. 劳动活动中能自主分组分工，选择具体工作 3. 能初步承担力所能及的劳动，为他人、集体服务	中班
	环保宣传	1. 用多种工具和材料，创作和表现自己关于保护环境的想法 2. 大胆向小区居民介绍自己宣传画报的内容 3. 爱护环境，懂得节约资源，理解人们的生活与自然环境的密切关系	中班
	橱窗布置	1. 积极动手动脑，寻找合适的挂宣传画的地方与方法 2. 乐于参加布置橱窗的活动，努力做好力所能及的事	大班
	慰问老人	1. 通过多种形式送祝福，表达对社区居民、孤寡老人的新年祝福，给社区的老年人送去新春温暖 2. 能使用画笔、剪刀、纸张、泥团等工具和材料，进行写福字、剪窗花等新春祝福活动 3. 能尊重、关心、礼貌地对待社区老年人	大班
颐乐苑（敬老院）	慰问老人	1. 愿意将幼儿园里的果实分享给老人，孝老、敬老 2. 探望老人前，能制作表达自己心意的小物件 3. 能为老人做一些简单的清洁整理、捶肩敲背等力所能及的服务劳动	大班
	送祝福（制作祝福卡、表演、说祝福话等）	1. 能用绘画、捏泥、手工制作等方式表达对老人的祝福，会用友好礼貌的方式向老年人表达自己的祝福 2. 能用律动或歌声为老年人带来欢乐 3. 关心尊重老人的情绪和需要，并能用自己的方式安慰他人，体验“敬老、爱老、尊老”的传统美德	大班
环境卫生管理站	美化环境	1. 能够根据环境卫生管理站的需要，准备好植物，带去种植并适宜设计小花圃 2. 能够利用身边适宜的废旧材料制作花瓶、花篮等	大班

续表

资源基地	可能引发的活动	关键经验	年龄段
胥江欢乐广场	环保宣传	1. 能将自己保护环境的故事与想法表现出来，宣传环保理念，倡导大家一起给垃圾分类，保护河道环境 2. 体会环卫工人的辛苦，理解人们的生活与自然环境的密切关系，体验劳动的快乐和成功的愉悦	大班
	文明宣传	1. 知道自己家乡所在地的名称，有代表性的物产、景观等，爱护公物，热爱家乡，宣传文明行为规范 2. 通过绘画、录制视频等多种形式宣传文明行为，为创建全国文明典范城市汇聚微力量	大班

虽然我们以表格的方式呈现对资源的梳理，但资源不是割裂的。一次完整的社群服务劳动活动在开展过程中会同时涉及幼儿园资源、家庭资源、社区资源等多种资源。资源分类表能帮助我们思考开发的程度及运用的合理性，同时不断丰富后续资源与活动，从而创造性地利用各种资源。

第三章 社群服务劳动的范围与组织形式

幼儿园社群是指以幼儿园为中心，在幼儿园周边领域内发生作用的一切社会关系。幼儿园作为儿童教育的重要场所之一，其周边社区的环境和设施的状况直接影响到幼儿园的教学质量和幼儿的身心健康。幼儿园社群劳动，是幼儿在教师或者家长的组织带领下参与社会群体并服务他人的一种劳动活动。幼儿园社群劳动的对象为园内幼儿、家长及周边社区居民等，参与范围可以是园内或者周边社区。

社群劳动主要指通过社区或者其他各方面的力量直接为社区群体提供公共服务和其他物质、文化、生活等各方面服务。幼儿园社群劳动主要包括为园内成员服务、为社会工作人员服务、为老人服务、社会保障服务、安全防范服务等。

社群劳动的人员组织由幼儿、教师、家长、社会公共团体构成，营造出一个充满正能量的“场域”。在这个“场域”中，幼儿良好的劳动习惯逐步养成，优秀品质在点滴积累中形成，幼儿园、教师、家长、社会公共团体以及幼儿自身等多个主体共同努力，从而构建出家园社共育的新生态。家长在社群劳动中发挥着基础作用，可以为幼儿创造劳动条件，让幼儿融入社群劳动中。幼儿在社群劳动中通过自身主动选择和接纳外界的影响，形成自己的劳动思想与情感。

积极组织开展社群劳动活动是教师的责任担当。教师在劳动教育中发挥作用，不是单纯地传授给幼儿知识和技能，而是支持幼儿在所处的真实生活、社会场景中亲身参与，亲自去操作、去感知、去反思、去感悟，使幼儿不断获得直接经验，提升实践智慧，让幼儿从想做、尝试去做，逐渐发展到敢做、会做。在自我服务和服务他人的过程中，给幼儿充分的时间与空间，为其提供可操作的“试验田”，让幼儿在做中学、在做中进步、在做中获得实践能力，通过实践锤炼幼儿的创新品质。幼儿遇到的问题都是真实的，能够引发幼儿积极探索，在不断直面问题、克服困难的过程中，逐渐形成不怕困难、敢于实践的良好品质。

第一节
园内劳动

幼儿园是幼儿一日生活的主要阵地，也是幼儿社群服务劳动的场所。园内劳动包括班务劳动和园务劳动。幼儿可以通过身体力行的方式服务他人、服务集体，从而获得劳动知识、劳动技能、劳动习惯、劳动意识和劳动情感等方面的发展。园内劳动能够激发幼儿的劳动兴趣，帮助幼儿树立正确的劳动观。开展园内劳动，一方面需要营造劳动环境，让幼儿在环境中接受真正有效的劳动教育；另一方面，需要明确劳动任务，让幼儿真正知道自己该做什么，不该做什么。此外，还需要注重教育评价，通过评价把劳动教育做实做细。园内所开展的劳动教育，必须与幼儿的思维发展联系起来，使劳动成为幼儿认识事物、探索世界的重要学习途径，而不是简单机械的锻炼身体的方式。

一、班务劳动

班务劳动就是在服务自己的基础上，学会服务他人、服务班级，在班级里愿意承担一定的责任和义务。班务劳动给予幼儿参与劳动的机会，对提高幼儿的服务能力有所帮助。班务劳动更多的是为大家服务，给予幼儿充分的机会和时间参与，包括玩具整理与收纳、卫生打扫与监督、值日生工作、餐点报菜等多样化的形式，使劳动形成常态化，从而促进幼儿劳动意识的培养、劳动习惯的养成，并能服务社群。

幼儿园值日生工作，作为班务劳动的一项目标，有其独特的实施价值和意义，对幼儿个性品质的形成和发展也有着不可替代的作用，它能有效地培养幼儿的责任感和为集体服务的意识，培养幼儿的劳动习惯，提高幼儿的劳动技能和生活自理能力，同时还能培养幼儿的合作意识和自信心。南京师范大学教育科学学院刘颖博士也提出："至少两年的值日生及其他集体性角色的承担让幼儿有机会为集体服务，使用一些工具，得到他人的反馈，学会评价自己的工作，这是与他人沟通与交流的机会，也是调整自己行为的机会。"

下面以小班下学期主题"能干的小手"为例，通过"我有一双小小手""我的小手真能干""我的小手爱劳动"这三个部分，从"手"出发，以多样的活动帮助幼儿提升动手能力、劳动能力。

示例：

能干的小手

（一）主题活动脉络

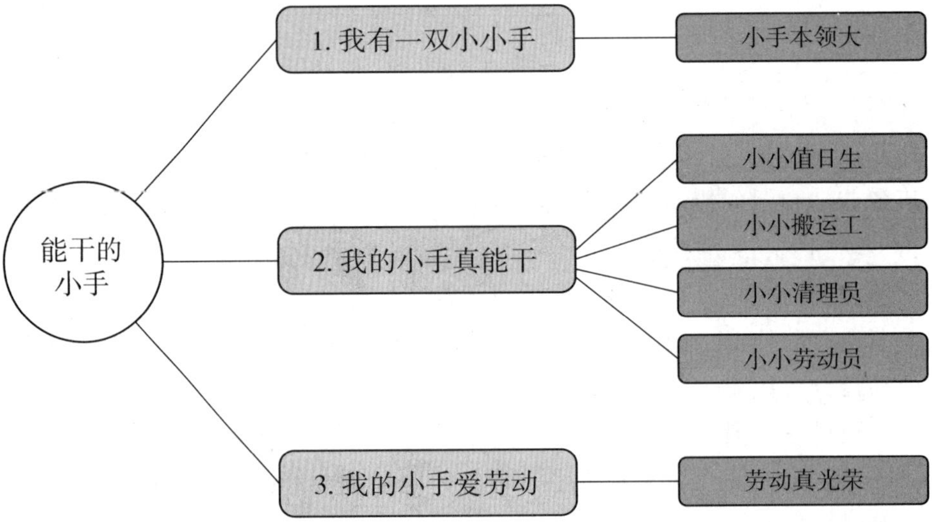

（二）主题活动关键经验

序号	可能引发的活动	关键经验
1	小手本领大	1. 通过调查，初步了解自己的小手，愿意大胆表现自己 2. 增强倾听、表达及沟通的能力 3. 在探究的过程中，积极动手动脑，了解小手的本领
2	小小值日生	1. 乐于做事，努力做好力所能及的事 2. 逐渐养成收拾整理自己物品的好习惯，喜欢承担此类小任务 3. 能与同伴分工合作，一起完成值日生活动 4. 在劳动后对自己的劳动成果和过程感到高兴 5. 不怕脏、不怕累，体会到能为大家服务是一件非常光荣和快乐的事情
3	小小搬运工	1. 愿意并能愉快地搬被子、运被子，体验劳动活动的愉悦 2. 初步掌握有关搬运活动的技能，遵守生活活动和劳动活动的规则和要求，团结合作，爱护公物 3. 能合作收拾自己的被褥
4	小小清理员	1. 积极参与劳动，做自己力所能及的清洁活动 2. 养成爱护环境、保持卫生的良好习惯 3. 强化自我服务意识

续表

序号	可能引发的活动	关键经验
5	小小劳动员	1. 在照顾自然角动植物的过程中喜欢上接触大自然，对周围的植物与现象感兴趣 2. 认识自然角常见的植物，能注意并发现周围的植物是多种多样的，并了解其基本特征 3. 学会照顾动植物，愿意承担一些小任务
6	劳动真光荣	1. 通过绘画等表征方法表达自己的想法，做好劳动计划 2. 幼儿在家做一些力所能及的事情 3. 尊重和关心他人的劳动成果，主动分担家务

（三）主题活动实录

1. 我有一双小小手

小手本领大

在幼儿的成长过程中，学会做事、学会劳动都离不开小手的帮忙。为了能够让幼儿充分认识到小手的本领，我们通过制作“能干的小手”调查表，帮助幼儿从已有经验中思考我们的小手可以做哪些事情呢？看看孩子们会有怎样的神奇想法吧！

浠浠：小手可以穿衣服、吃饭、帮妈妈扫地、给奶奶捶背。

依依：小手可以拿筷子、看书、搭积木。

琦琦：小手还可以画画、拍球。

小明：我的小手可以剥虾、拿碗、端菜。

孩子们轮流分享自己的调查结果，发现原来小手可以做这么多事情，小手虽小，本领却大。

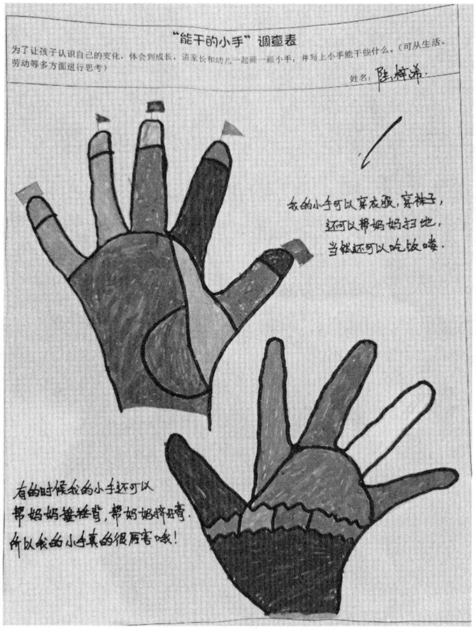

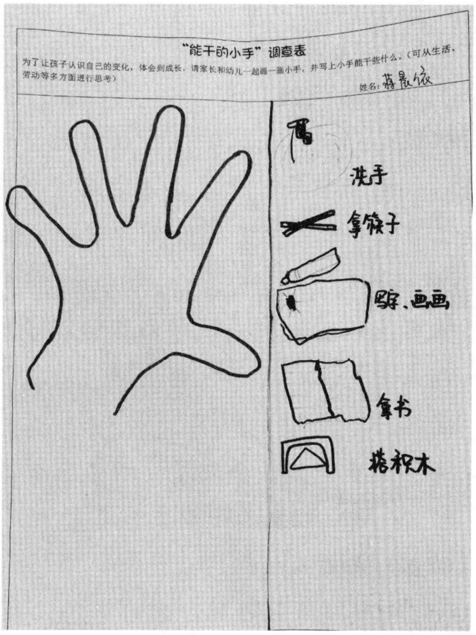

幼儿的经验与学习：关于“我的小手”，幼儿将调查问卷带回家和爸爸妈妈一起探讨，有的还上网查阅资料，寻找问题的答案。在分享中，每个幼儿都带来了自己探寻到的答案。这样的交流可以为幼儿提供多种经验的融合。在倾听同伴的过程中，幼儿既获得了新经验，同时又增强了表达、倾听及沟通的能力。帮助幼儿了解手的功能，感受了小手的神奇之处，我们将延续孩子们对小手的探究热情。

教师的思考与支持：教师发起一场“小手的秘密”分享会。分享会前，可有效利用家长资源，让家长与幼儿共同查阅资料，不断建构幼儿的经验，并在同伴间互相分享经验。幼儿对小手的认知是不一样的，应该让他们互相交流各自的发现，通过思想的碰撞进行经验的分享。同时，教师在必要时提供帮助和指导，并在每一次探究讨论后，及时进行小结，梳理幼儿的经验与想法，让幼儿不断建构新的经验。

2. 我的小手真能干

（1）小小值日生

① 我们的烦恼

班级里，小朋友们轮流担任值日生的工作，端点心、帮助小朋友拿蜡笔、给植物浇水、做小小监督员等，一段时间之后，我们发现有的小朋友总会忘记自己做值日生工作以及总是不知道轮到谁做值日生了，出现好多小状况……那该怎么办呢？

② 问题大发现

值日生活动开展一段时间后，孩子们遇到了一些困难，出现了一些困惑，让我们一起来看看他们是怎样讨论解决的。

问题一：

师：如果值日的小朋友请假了怎么办？

幼 1：可以让别的小朋友代替。

幼 2：那很多人都想做呢？

幼 3：找做得最好的小朋友代替没来的小朋友。

问题二：

师：掉到地上的米粒太黏了，扫不动怎么办？

幼 1：让扫地干净的小朋友教教他。

幼 2：先用餐巾纸捡起米粒，然后用湿的毛巾擦一擦地板。

幼 3：小朋友吃饭的时候尽量不要掉在地上。

问题三：

师：不喜欢扫地擦桌子，只想做小监督员怎么办？

幼 1：可以早上早点来幼儿园，选择自己想做的。

幼 2：擦桌子也挺好呀，我不喜欢当小监督员，不能去区域里玩。

幼 3：我们还可以轮流当小监督员。

问题四：

师：值日生很快吃完了，但是其他小朋友还在吃，没办法做事怎么办？

幼 1：他可以等一等，找点别的事情做。

幼 2：他可以去督促没吃完的小朋友吃完。

幼 3：我觉得小值日生是为大家服务的，他应该耐心等待。

问题五：

师：有的岗位没有人选择怎么办？

幼 1：我们可以改成一周换一次岗位。

幼 2：我们可以固定一下做值日的岗位，不用每天都换。

③ 开动小脑筋

为了解决这些问题，大家一起讨论起来了。

昀昀：我们可以做一个喇叭提醒不记得的小朋友。

澜澜：可以插我们的值日生卡片。

一鸣：我们可以按顺序来当值日生。

于是，每个组的孩子按顺序进行编号。然后孩子们在自己的值日生卡片上画上点点，一个点代表一号，两个点代表二号，三个点代表三号……孩子们记住自己的编号，从一号开始轮流做值日生。轮到几号，对应点数的孩子就做值日生。

④ 值日生工作

知道值日生的任务以后，也了解了值日生每天要做哪些事情，小朋友们便开启了值日生工作之旅：整理玩具，打扫卫生，擦桌子，将餐盘归位，给植物浇水，整理毛巾，监督小朋友有序洗手，喝水……

卫生员：擦桌子、扫地、拖地、将餐盘归位……小小卫生员们在每天的餐后担起自己的责任，认真打扫卫生。

整理员：整理班级区角、收拾玩具、整理书包、晾晒擦手毛巾……小小整理员主动有序地整理班级，责任心也增强了。

监督员：督促小朋友把手洗干净，让小朋友有序排队，小小值日生在监督同伴的同时也在规范自己的行为。

孩子们加深了对值日生的了解，明白了值日生的工作是为同伴和集体服务。

幼儿的经验与学习：同伴互动是儿童社会性、道德情感、价值观和智力发展的关键。在值日生工作的过程中，孩子们觉得可以通过自主选择谁做值日生的方法来安排值日生，他们逐渐变得不那么以自我为中心，更关心别人的情感和思想，在整个问题提出的过程中，开展一些集体讨论，探讨谁做值日生的问题及解决的方法，明确了劳动任务，知道该做什么，不该做什么。

教师的思考与支持：一项任务，一份职责，一种责任心。小小值日生带给幼儿的不仅仅是自我能力的提升，也让幼儿体验到服务集体的快乐，更懂得珍惜别人的劳动成果，让幼儿知道人人都要劳动，建立了初步的劳动意识。

⑤ 大扫除进行时

虽然有值日生的帮忙，但我们发现教室里还有很多的事情是小值日生没有做的。为了让更多的小朋友参与到班级的劳动中，体验为班级服务的乐趣，我们进行了大扫除活动。什么是大扫除呢？

他们把自己可以做的事情画了下来，然后贴在白板上。接下来就是选择工作了，孩子们根据活动内容以及人数的要求进行讨论、选择，最后确定大扫除的工作。

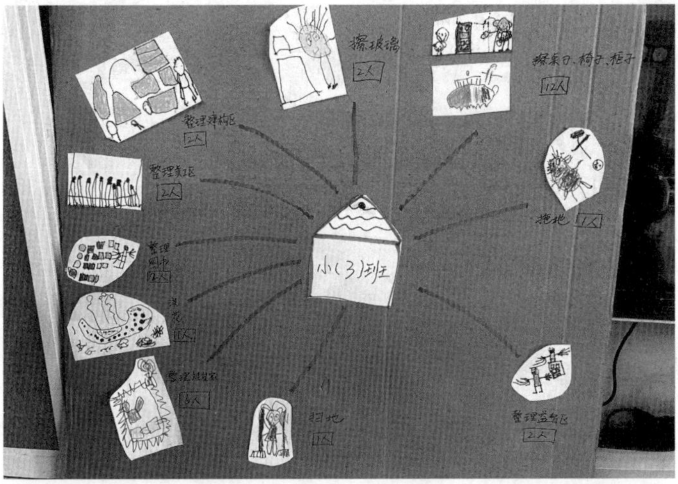

说干就干，孩子们选择自己要做的事情，哪些劳动工具可以用于大扫除呢？有的拿了毛巾擦桌子，有的拿了扫帚扫地，有的拿了拖把拖地，有的拿篮子整理玩具等，孩子们拿上工具开始大扫除了。

班级的焕然一新离不开孩子们的团结合作，他们不仅把玩具擦拭干净、分类摆放，还观察植物的生长状况，及时除草、浇水，主动担当小组长的角色，吃饭前检查卫生、分发餐具，帮助小朋友们养成良好的卫生习惯。那这些小事对他们来说有什么不一样的意义呢？让我们来听听他们的心声吧！

“当值日生，我感觉……”

▍甜蜜

乐乐：我觉得当值日生很开心，可以帮助大家做事情。

心心：我觉得自己很厉害，把桌子擦得很干净。

晨晨：我做值日生很开心，因为可以帮助大家！

轩轩：我最喜欢去自然角，因为我喜欢给那里的花浇水。

▍有趣

可可：我最喜欢的值日生工作是检查洗手，感觉闻一闻、看一看小朋友的手有没有洗干净特别有趣。

彤彤：在建构区整理玩具的时候，要找一找，分分类，我感觉很有趣。

熙熙：益智区的玩具要数一数有多少，我数数都变厉害了。

奕奕：我值日的时候，发现地上有米粒，赶紧捡起来扔到厨余垃圾桶里。捡米粒有一点好玩，也有一点累。

▍骄傲

小宇：我感觉劳动的人最光荣，所以我很骄傲！

雯雯：我觉得做了值日生后变厉害了，和老师一样能干，并且还慢慢学会了很多事情。

飞飞：我感觉自从做值日生，能给小朋友们做好榜样了，养成了讲卫生的好习惯。

露露：做了值日生我变厉害了，学会了正确的擦桌子方法，我变得棒棒的了！

幼儿的经验与学习：幼儿在大扫除活动中，尝试计划、分工与合作，并在劳动过程中增强了对劳动工具、劳动知识及相关事物的认知，提升了观察力、注意力、判断力、分析思考能力和动手能力，丰富了劳动经验，体会到劳动者的辛苦与奉献精神，培养了热爱劳动、尊重劳动、珍惜劳动成果的良好品质，传承了“劳动最光荣”的传统美德。

教师的思考与支持：3—6岁幼儿已具备一定的劳动能力，应该试着让他们做一些力所能及的事。在进行大扫除分工的时候，为了发挥幼儿的主观能动性，我们放手让幼儿自行选择自己想要做的事情，幼儿更积极，参与性也更高。评选“劳动之星”，让幼儿的劳动成果得到肯定，提高了幼儿的积极性，增强了幼儿的荣誉感和自豪感。面向幼儿的劳动教育一般会设置由个人完成和团队合作完成的劳动项目，我们要重视幼儿劳动过程中的交往体验，给幼儿提供观察与发现、劳动与收获的空间，在这里，他们学会分工、合作、交流、分享，形成良好的合作意识。

（2）小小搬运工

因为疫情，家长不能入园，孩子们遇到每周五搬运被子的问题，从班级到园门口，距离有些远。面对困难，孩子们从协商到尝试，并从多种尝试中选出最适合的方法。在大家讨论后，我们根据班级所在楼层、到园门口的距离，想出不同的方法运被子。这是孩子们品味生活、学习成长的教育契机。让幼儿参与劳动不是追求劳动的社会价值，而是追求劳动的启蒙价值、体验价值，培养幼儿的劳动情感、态度、自信心及基本生活能力。借此契机，我们给孩子一次挑战的机会，他们到底会想出什么办法呢？我们一起来看看吧！

有的会主动帮阿姨打包被子，并尝试把被子运出去。孩子他们搬运被子的方法各不相同。

澜澜：我能帮阿姨装被子。

睿睿、辰辰：我们的袋子有把手，可以拎着，还可以挎在肩膀上。

书仪、书礼：我们的力气大，可以自己搬被子。

小明、阳阳：一个人搬不动，两个人一起抬被子。

看着孩子们用自己的小身板来运送被子，家长们也发出了赞叹声：“真是太不可思议了，我家的孩子才上小

班，竟然能够自己解决问题了，要知道这被子可比他的小身板大多了！”“老师们真有办法，一个班级三十几床被子能够快速搬运完，还给孩子提供了这么好的学习机会。”看着一排排摆放在校园门口的被子，家长们个个感叹不已。

幼儿的经验与学习：遇到搬被子的问题，孩子们积极动手动脑，反复尝试，运用各种方法将被子成功运出去，并在这一过程中，体验到成功感与自豪感。在互帮互助运被子的过程中，孩子们也学会了为他人着想，激发了为集体服务的意识。

教师的思考与支持：在“运被子”的一系列活动中，教师是引导者，及时给予孩子帮助和鼓励。孩子们能自主发现、思考、探索和实践，从而解决问题。当同伴遇到困难，也会提供帮助。搬运被子的过程，也让他们学会要珍惜劳动成果，激发为他人服务的意识。

（3）小小清理员

孩子们用一双双小小手，不仅能为自己的班级服务，也能为我们的幼儿园服务哦！

散步的时候，孩子们发现路上铺满了香樟树的叶子。他们都蹲下去捡树叶，这么多树叶捡也捡不完，那有什么好办法来清理落叶呢？

轩轩：我们可以叫别的小朋友一起捡，人多一点就能捡完了。

依依：可以扫落叶，这样快一点。

师：那扫落叶要准备些什么工具呢？

浠浠：要带扫把。

千翊：还要带垃圾桶。

就这样，大家带好工具，出发清理落叶。芯诺捡起一片树叶说：“老师，这个树叶还是红色的呢，真漂亮！”旁边的小朋友听她这么说，也纷纷捡起树叶，举起来说：“这个也好看，这个也好看。”看

着这么美丽的树叶，孩子们不由得捡起落叶，挑选好看的树叶放在纸箱里，然后继续清扫落叶。

就在大家清扫落叶的同时，昀昀发现了一个大垃圾桶，他跑过来叫我们去看。睿睿说：“让我来看看。啊，什么也没有。”这个垃圾桶是装什么垃圾的呢？嘉嘉指着垃圾桶上的图标说：“可以扔香蕉皮、青菜，还有花生壳。”轩轩告诉我们：“这是厨余垃圾桶，我和妈妈一起去扔过垃圾。”

由于现在正在实行垃圾分类，我们向孩子们简单地普及了垃圾分类的知识。垃圾分为：可回收物、其他垃圾、厨余垃圾、有害垃圾。最后孩子们将清理的落叶倒

幼儿的经验与学习： 孩子们在劳动过程中，可以培养动手动脑解决问题的能力，也可以培养热爱劳动和奉献的品质，养成勤于劳动的良好习惯。

教师的思考与支持： 孩子们从一日生活出发，了解各个环节产生的垃圾各属于哪一类，并分类投放到各个垃圾桶中。小班孩子对新事物的接受能力相对较弱，教师从与他们生活息息相关的内容出发，更容易逐步渗透垃圾分类的相关知识，并将垃圾分类的理念根植于孩子的心中。

入厨余垃圾桶。

（4）小小劳动员

为了丰富孩子们的种植体验，让孩子们接近自然，感受自然，体验到种植活动的乐趣，我们开展了“我的种植日记”活动。孩子们亲自去参观幼儿园的种植园，并认领了种植角，他们像小农夫一样，卷起袖子，弯下身子，种下了一粒粒小种子，忙得不亦乐乎。

自然角里，有我们种的土豆、大蒜、洋葱，还有一些好看的多肉植物。孩子们把自然角里的植物画了下来，给植物做名片，插在对应的盆里，并且，每天都来照顾它们，及时浇水、除草，观察它们的生长变化。

幼儿的经验与学习：在自然角，孩子们分工合作，共同参与种植劳动，掌握了一些种植技巧，见证了波斯菊和自然角的其他植物的生长过程，以表征方式记录自己的观察发现。同时，在劳动中幼儿学会了承担责任，体验了人与人、人与自然的和谐共处，体会果实的来之不易，学会了分享自己的劳动成果，体会到劳动的快乐。

教师的思考与支持：陈鹤琴先生曾说：“大自然、大社会都是活教材”，“大自然是我们的教科书，我们要张开眼去仔细看看，要伸出双手去缜密地研究”。本次种植劳动成为孩子的一门“活”教育，绿色种植成为孩子的一种“活”教材。他们通过亲自播种，亲眼观察，亲身体验，了解了植物的生长特点，激发了对大自然的关爱、对生命的尊重、对劳动成果的珍惜。

3. 我的小手爱劳动

劳动真光荣

“五一”劳动节就要来了，为了帮助孩子们了解这一节日，我们进行了一次谈话活动。

师：5 月 1 日是劳动节，你准备在劳动节做些什么呢？

小宇：我可以自己收拾玩具。

轩轩：吃饭的时候我会帮爸爸妈妈端碗。

心心：我要和爸爸一起铺床，我还会打扫卫生。

根据自己说的，孩子们制订了一份“五一劳动计划”。

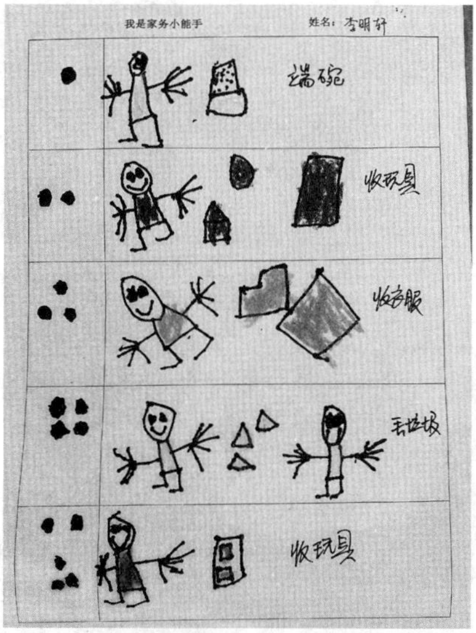

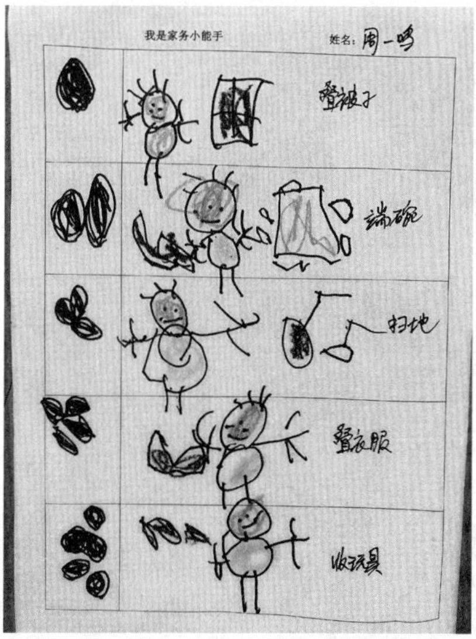

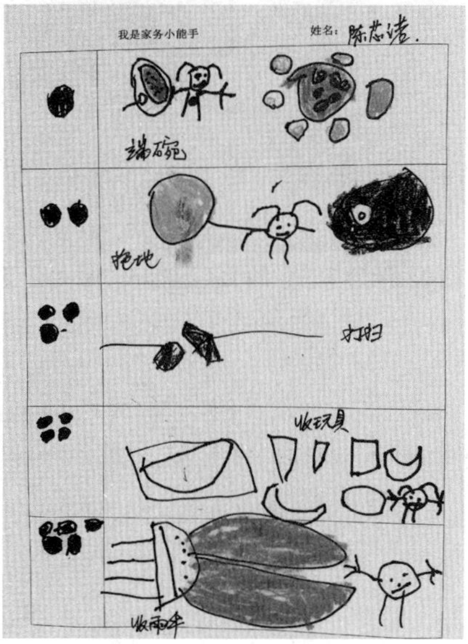

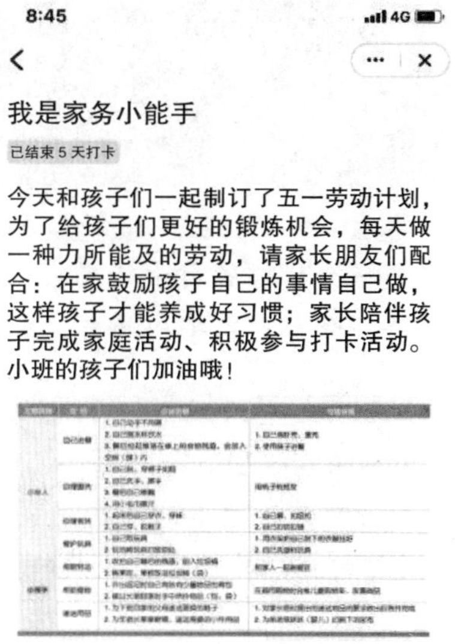

有了计划，怎么能不行动起来呢？为了让家长更加了解孩子的发展水平，培养幼儿的劳动能力，我们根据《指南》提供的参考意见，引导家长参与打卡活动，记录孩子的精彩瞬间。

萌萌的孩子们在家里帮着爸爸妈妈做一些力所能及的家务活儿呢！他们在叠衣服、浇花、扫地、擦桌子、洗袜子、择菜、摆放碗筷……在平凡琐碎的家务活儿中体会家人养育自己的辛苦和不易，小小的心装满了暖暖的爱。

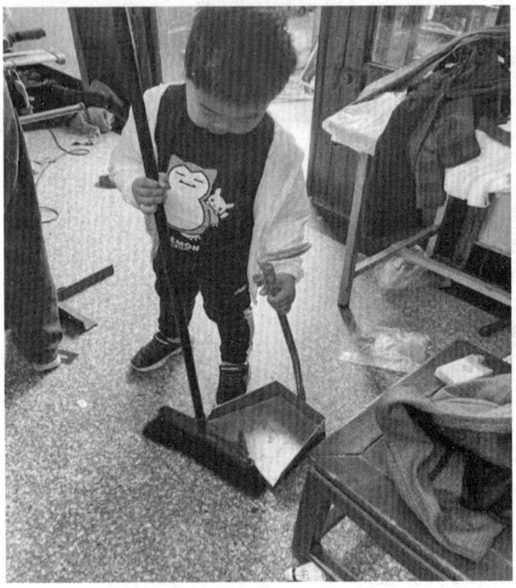

虽然只是一个短暂的打卡活动，但是家长们为孩子的成长感到开心，给予了孩子们高度评价，肯定了孩子们的劳动成果。

幼儿的经验与学习：通过帮助家人做一些力所能及的事情，幼儿发现可以为自己和他人做许多的事情，从点滴劳动中见证自己的成长，也在一天一天的打卡活动中培养坚持性，通过自己的劳动实现目标，获得成就感、自信心。

教师的思考与支持：及时肯定幼儿的行为，激发幼儿参与劳动的兴趣，体验劳动的快乐。同时，与家长达成共识，鼓励幼儿回家积极做家务，实现有效的家园联系。劳动过程中的学习，对于幼儿来说，是一种更富挑战性也更能激发孩子兴趣的有意义的活动，对幼儿的智力发育非常有价值。

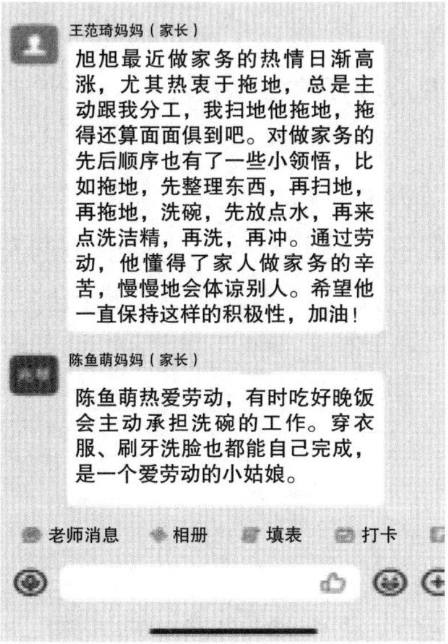

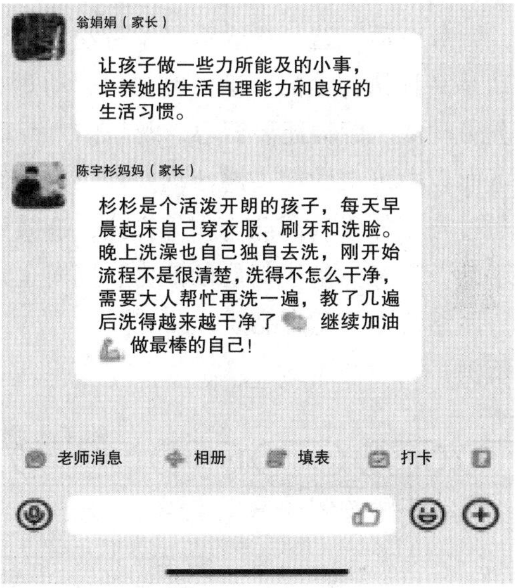

结语：

随着生活条件的改善和家庭结构的变迁，越来越多的幼儿在由父母、祖辈包办代替的环境当中，既不愿承受劳动的“脏”和“累”，也不尊重他人的劳动成果，还缺乏基本的自理能力，更毋谈服务意愿。要解决这些问题，都需要幼儿亲自参与劳动。

在“能干的小手”主题活动的逐步推进下，小班的幼儿慢慢掌握了一些劳动的方法与技巧，增强了自己做事情的自信心，也能感受到劳动给生活和学习带来了帮助，感受到成功和喜悦。这种成功和喜悦是推动幼儿积极参与劳动的动力。在幼儿身上我们看到了一个个好习惯的养成，相信这些好习惯会一直保持下去。这样，在不知不觉中激发了孩子们服务自己也愿意服务他人的意识，为今后服务家庭、服务幼儿园、服务社区等奠定基础。

幼儿通过实际操作等多种形式体验劳动，感受劳动带来的自豪感。正如习近平总书记在全国教育大会上指出的：要在学生中弘扬劳动精神，教育引导学生崇尚劳动、尊重劳动，懂得劳动最光荣、劳动最崇高、劳动最伟大、劳动最美丽，长大后能够辛勤劳动、诚实劳动、创造性劳动。

二、园务劳动

园务劳动是指教师利用园内资源，发现幼儿的兴趣，支持幼儿在参与实践和动手操作的过程中有目的、有意识地运用体力和智力改造外部世界，并服务集体，从而学会使用劳动工具，获得劳动知识、学会劳动技能、培养劳动习惯和提升劳动情感的一种教育活动。

“园务劳动”这一概念借鉴了劳动和劳动教育，它表达了两个概念，即“主观的劳动是一种精神上的劳动；客观的劳动意味着对物质客体的改造”。当然，我们的园务劳动除了劳力还要劳心，既是体力劳动也是脑力劳动。

下面以中班下学期主题活动“沙子大搬家”为例，从幼儿的兴趣和实际需求出发，通过自主探索和团队合作等方式，有效地促进了幼儿身体与动作的协调发展，提高了幼儿思考、解决问题的能力，同时也培养了幼儿热爱劳动、不怕困难、坚强勇敢、团结协作等意志品质。

示例：

沙子大搬家

（一）主题活动脉络

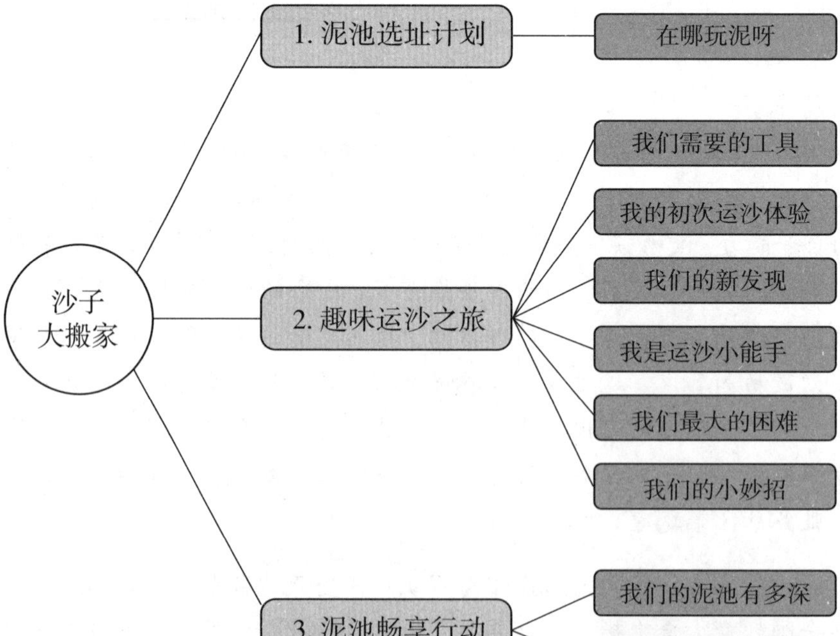

（二）主题活动关键经验

序号	可能引发的活动	关键经验
1	在哪玩泥呀	1. 愿意与他人交谈，喜欢谈论自己感兴趣的话题。能够与同伴探讨交流自己在不同地方的发现 2. 敢于尝试有一定难度的活动和任务。能够利用周边的物体作为探索工具，如树枝、石块等 3. 能对事物或现象进行观察比较，发现其相同与不同之处，探索各个地方泥土的作用，比较并筛选最适合玩泥的地方
2	我们需要的工具	1. 愿意与他人交谈，喜欢谈论自己感兴趣的话题 2. 谈话和讲述都能围绕主题。围绕运沙工具说出自己的想法，如小推车、小桶、铲子等 3. 动手动脑探索材料的特性与作用，愿意和同伴、父母进行收集，并乐在其中
3	我的初次运沙体验	1. 敢于尝试有一定难度的活动和任务。能够使用收集的工具探索如何运沙并尝试运沙 2. 能动手动脑探索物体和材料，并乐在其中。能够动手参与运沙，开动脑筋用不同的工具运沙 3. 喜欢参加体育活动，能够积极参与运沙过程 4. 能按节奏上下肢协调地走和跑。能够使用工具将沙运到终点，运沙过程中四肢协调 5. 能按照自己的想法进行游戏或其他活动，能够按照自己的想法选择工具进行运沙
4	我们的新发现	1. 敢于尝试有一定难度的活动和任务。能够在第一次运沙的基础上，探索使用推车将沙子平稳运到终点的方法 2. 愿意展示和表述用推车运沙的方法，观察对比不同幼儿的运沙方式 3. 通过实践，了解影响推车平稳的几个因素，并找到最适宜的推车运沙方法
5	我是运沙小能手	1. 幼儿在环境的相互作用过程中，获得有关数、形、量、时间和空间的感性经验，逐步建构一些初级的数学概念 2. 能够积极主动地进行数学活动，争取完成多项活动内容。能够独立地收、放数学操作材料 3. 认识 10 以内的数字，理解数字的含义，会用数字表示物体的数量，知道自己的运沙量
6	我们最大的困难	1. 能根据观察结果提出问题，并大胆猜测答案。能根据幼儿园已有工具在实践中的运用找到目前运沙中存在的问题 2. 愿意与他人交谈，能较清楚地表达自己在运沙中出现的各种情况 3. 能通过简单的调查收集信息和之前几次运沙实践，统计遇到的几个突出共性问题
7	我们的小妙招	1. 愿意与他人分享自己的想法并敢于尝试有一定难度的活动和任务。尝试用不同的方法用小推车运沙，找到高效运沙的方法 2. 在成人的帮助下，能获取周围生活中常见科技产品的知识和经验，初步了解它们在生活中的运用 3. 初步学会和同伴友好交往与合作，学习处理与他人的冲突，初步学会谦让和分享。在活动中与同伴交流合作，一起找出造坡的方法 4. 愿意承担力所能及的自我服务和集体服务劳动，初步养成爱劳动的习惯 5. 在劳动的过程中，感受团结的力量，体会劳动的艰辛，尊重劳动者和珍惜劳动成果

续表

序号	可能引发的活动	关键经验
8	我们的泥池有多深	1. 能够将生活经验迁移到自己的发现与探索中来，利用自己的身体及自然物与泥池的深度作比较，进行测量 2. 认识生活中常用的测量工具，了解其使用方法 3. 与同伴合作，利用测量工具卷尺，用科学的方法测量泥池的深度并做记录
9	我的泥池设计图	1. 初步学会大胆地、有效地表达自己的愿望、意见和见解。能够将自己想象的组合完整地表现出来 2. 能够用绘画、捏土、手工制作等多种方式表现自己的所见所想。能够运用绘画的方式，利用不同材料制作出自己设计的泥池 3. 学习用线条和形状表现感受过的物体的结构和特征。能够用线条和形状在设计图上画出想画的东西 4. 初步学习在画面上安排物体的上下、左右关系。能够初步进行规划安排设计图的布局

（三）主题活动实录

活动缘起：

陈鹤琴先生说：“大自然、大社会都是活教材。”泥土作为大自然最常见的物质，深深地吸引着孩子。孩子们非常喜欢捏和搓泥土，但是我们找遍整个幼儿园，都没有专门玩泥的地方，于是孩子们决定打造一个属于自己的大泥池！

1. 在哪玩泥呀

孩子们迫不及待地开始了探索，我们的泥池该选在哪儿呢？

文博：有泥的地方？

玥玥：我们可以在这里玩！把泥放在沙池里。

卉卉：那里面的沙怎么办啊？

琪琪：把它们运走吧！

经过实地考察和探索，孩子们决定把三个沙池中较小的那个改造成泥池，这就需要给里面的沙子搬个家。最大的沙池建造最早，孩子们常年游戏，沙子逐渐减少。于是在园长妈妈的支持下，我们决定将小沙池中的沙子运到最大的沙池里。

“沙子大搬家”就此开始啦！

幼儿的经验与学习：活动中，幼儿能够探寻幼儿园不同地方的泥土，对选址进行对比，发现适合玩泥的地方，能够通过简单的调查收集信息。

教师的思考与支持：教师在此过程中可以给幼儿准备信息收集表，让幼儿及时记录自己的发现，也能够更加直观地进行对比。

2. 我们需要的工具

给沙子搬家，需要哪些工具呢？

卉卉：我知道，挖沙要用铲子。

文博：可以用桶装沙子，我以前去海边的时候就玩过。

彤彤：可以用小推车啊，这样就可以多运一点了！

然然：我们可以去资源室找找。

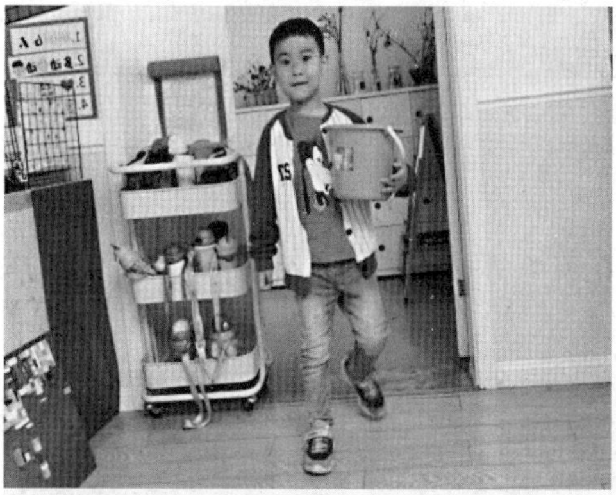

大家兴高采烈地讨论着，纷纷出谋划策，迫不及待地想要试一试。

幼儿的经验与学习：通过讨论，幼儿能够围绕运沙工具，结合生活经验说出自己的想法并根据已有经验动手动脑，收集园内可以利用的材料。

教师的思考与支持：教师可以引导幼儿记录自己收集的工具，让幼儿集中讨论，对工具进行筛选，同时熟悉工具的属性和作用，获取新经验。

3. 我的初次运沙体验

拎着桶，拿着铲，孩子们开始了第一次尝试。尽管不是很熟练，但他们很认真，一点一点将小桶填满，坚定地踏上了征途！很快摇摇晃晃的小推车也加入了队伍。

孩子们用铲子铲沙子，装进小桶里，装满一桶后，还用铲子用力往下按压，然后再往桶里装一点沙子。

推着小推车的孩子们不敢走太快，小心翼翼地控制着把手，他们绷着身子，缓缓前行。

尽管已经很小心了，但还是会有“小意外”，沙子翻掉怎么办？孩子们并没有因此而气馁，他们蹲下来，将散落在地上的沙子一把一把抓进小推车里。

回到教室后，孩子们意犹未尽，一起分享第一次长距离运沙的感受。

文博：我的推车老是倒，我推的时候很紧张。

达达：我觉得运沙很有趣，我的推车都没有倒过。

琪琪：为什么你的不会倒，而我的老是往一边倒呢？

经过讨论，孩子们并没有找到使小推车不倒的方法，老师提议在下一次的运沙活动中，大家来比一比谁推得最稳。

幼儿的经验与学习：在活动中孩子们第一次进行挖沙运沙，尽管不是很熟练，但他们依然兴趣十足，能够使用收集的工具探索如何运沙并尝试运沙。尽管整个过程不是很顺利，会遇到侧翻的情况，但孩子们不气馁，坚持将沙子运到终点。

教师的思考与支持：然然在运沙活动结束后跑过来跟我说，刚才他的推车翻了，但是他还是把沙子都运过去了。因为他觉得挖沙很辛苦，而且马上要到终点了，不能放弃。伊伊说他们打翻了沙子不捡起来的话，奶奶们还要来打扫呢！整个活动让我们惊喜地发现孩子们不怕困难，勇于挑战，十分珍惜自己的劳动成果。遇到突发状况，也能够独立思考解决问题。孩子们在这个过程中，既感受到了劳动的辛苦，也学会了体谅他人及尊重别人的劳动成果。

4. 我们的新发现

上一次使用小推车时孩子们并不能很好地掌握平衡，容易侧翻。为此，我们提议可以比一比谁推的小车最稳，请孩子们观察一下他是怎么运沙的。

达达：沙子不能放很多，不然太重了，推不动。

云溪：我发现，名硕车里的沙子和我放的位置不一样，我有点推不动。

良良：名硕的沙子都在小车的后面。

孩子们互相讨论着，发现推车里的沙子不能放太多，也不能都集中在车头，不然推不动，也容易倒。如果沙都靠在一侧，容易侧翻。在装沙的过程中，要注意沙的位置，适当调整一下。

幼儿的经验与学习：孩子们能够在第一次运沙的基础上，探索将沙子平稳运到终点的方法，也愿意向伙伴展示和表述自己运沙的方法。在运沙的实际过程中，观察并了解影响推车平稳的几个因素，寻找到最适宜的运沙方法。

教师的思考与支持：教师在活动中是一个引导者的角色，让孩子们在实际探索中发现问题，解决问题。通过对比，孩子们找到了保持平衡的方法。

5. 我是运沙小能手

一段时间下来，孩子们能够十分熟练地运沙了，他们开始了比赛，谁运的沙子比较多呢？于是，孩子们展开了讨论。

“沙池里的沙也太多了，不知道有多少，我今天都运了三车了。”

“我运了两车！”

“我比你运得多。”

“我昨天也运了三车沙。”

怎样比谁运得多呢？我们首先要知道自己运了多少。来看看孩子们的记录吧！

经过大家的讨论，决定用圆圈代表一桶沙，用钩代表一车沙，记在自己的学号旁边，这样每个小朋友都能知道自己运了多少沙。

幼儿的经验与学习：孩子们运沙的热情一直十分高涨，时常会争论谁运的沙更多。于是我们一起设计了一张记录表，每次活动结束他们都会迫不及待地看一看、比一比。在活动中幼儿获得了一桶沙、一车沙的初级概念，知道自己一次能运多少沙。

教师的思考与支持：记录表的出现使得小朋友们更加有干劲，教师在巡视的过程中也要注意让孩子们劳逸结合，适时休息。

6. 我们最大的困难

现在，孩子们熟练了不少，但在运沙的过程中也发现了不少问题……

首先是孩子们把装满沙子的小桶拎到东操场，路程较远，一次次拎沙太累了，而且走路也很慢，运不了多少沙。

其次是沙池边上的台阶很高，他们推车的时候需要抬起车头才能下去，一不小心，车没稳住就会侧翻。

挖了一段时间，孩子们发现沙池里的沙还是很多，纷纷感慨沙子太多了，运得完吗？

幼儿的经验与学习：孩子们对几次运沙过程进行总结，找到目前运沙中存在的问题，相互交流在几次运沙过程中遇到的困难，如一满桶沙子太重拎不动，小推车总是东倒西歪，沙子容易洒到头上，沙池里的沙子太多，怎么才能快点运完等问题。大家通过之前几次运沙实践，一起总结共同遇到的几个问题。

教师的思考与支持：活动中孩子们也发现了一些问题。有一次，卉卉跑过来和我说："老师，我又把沙子打翻了，那里的台阶太高了。"我才发现原来在我们的必经之路上有一个小台阶，平时走来走去我们也许不会在意，然而当孩子们推着装满沙的小车时，它就变成了一只拦路虎。经过几次尝试，孩子们发现了各种以前没有想到过的问题，并将这些问题反馈给老师，大家一起讨论，寻求解决的方法。

7. 我们的小妙招

这一段时间，我们遇到的问题不少，可是，聪明的孩子们总是能够想到好办法。

（1）探索运沙新方法

拎着小桶，一趟趟走着运到终点，费力又费时？孩子们想到了用平时游戏时的小车来运沙。

刚开始，孩子们尝试骑车运沙。彤彤提议把桶挂在车龙头上。于是，其他孩子也尝试把两桶沙分别挂在左边和右边的把手上。不幸的是，良良在骑车的途中，膝盖碰到了一只小桶，把它碰翻了。其实，除了他以外，也有孩子在到达终点下车的时候把把手上的小桶弄翻了。

有些孩子尝试把小桶放在自行车后面的踏板上，像小伟就把两桶满满的沙子放在了后面，然后骑车到终点。小语也是用这样的方法来运沙，可是车刚起步，桶就从车上掉了下来，沙子撒了一地。他弯下腰将沙抓进桶里，一旁的嘉嘉看到了，立刻走过来帮他。从他们身边经过的淳淳和子浩看到了也加入其中，四个人很快将道

路上的沙子清理干净了。

怎样才能将沙子安全地运到终点呢？孩子们开始商量，一个人带着桶不好骑车，只骑车桶又不容易固定，于是就开始了两人合作，一个做运输的小司机，另一个负责稳住装沙的桶。但是，后面的小朋友两只手都提着桶，正坐的时候，只要前面的小朋友一刹车，后面小朋友的身体就会往前倾。所以，中途他们就下车调整了，后面的小朋友背对着坐，双手抓住车的椅背，桶放在踏板上，这样就可以轻松、稳稳地将沙子运到终点了。

幼儿的经验与学习：孩子们在几次尝试中，根据出现的问题不断调整自己的方法，最终找到适合且便捷的途径。从一开始的单独运沙，发展到幼儿间互相帮助，合作运沙。他们不断探究尝试，思辨创新，在发现同伴遇到困难时，愿意提供帮助。

教师的思考与支持：我们可以引导幼儿获取周围生活中常见科技产品的具体知识和经验，初步了解它们在生活中的运用。让幼儿了解三轮车的基本特征与运载方式，并尝试用幼儿园的小三轮车运沙。同时也指导儿童学习使用常见科技产品的方法，运用简单工具进行制作活动。

（2）手脑并用造小坡

台阶太高，怎么办呢？

诚诚：我爷爷的电动车就是从台阶边上斜的地方推下来的。

心心：那我们也来做一个吧。

孩子们在资源室里找到了一块长木板，小立和诚诚把木板抬到了路牙边，然后把木板架在路牙上，但是他们发现木板有厚度，会高起来。诚诚提议在下面垫点东西，让木板紧贴路边靠着。他和小立一起去寻找垫在木板下面的材料，他们在小八班门口发现一些砖块，便每人拿了两块过来。诚诚在地上并排放了两块砖，发现一块高一块低。木板放上去不平，于是，他又从小立手里拿了另一块砖放边上，发现其中两块的高度是一样的，他就把两块一样高的砖排在一起了。然后，他们把木板

放在砖上，发现还是有点低。小立说："我们再放一块看看吧。"诚诚将边上的两块砖比对了一下，发现厚度一样，便把它们放在了第一层砖的上面。幸运的是，当他们再次放上木板的时候，木板正好与路牙齐平。小坡造好了，子恒首先来尝试，他推着推车很快通过了斜坡，这下就再也不用怕小推车在这里倒下了！

幼儿的经验与学习：在拦路虎——高台阶这一难题上，孩子们能够联系生活经验，将其迁移到活动中来。利用在幼儿园收集到的材料——几块砖头和一块大木板，通过几次摆放成功造了一个简易的斜坡。

教师的思考与支持：皓皓还和我们说，小班的弟弟妹妹也可以从这里走，这样他们就不会摔跤了。我们发现孩子不仅能够解决问题，还能考虑到其他小朋友，说明大爱的种子已经在他心里发芽。

后期，为了让弟弟妹妹们能够更方便安全地通过，孩子们对小坡进行了优化。将原来又窄又长的木板换成了一块长度宽度更适合的木板，这样也不会影响到路上的小朋友了。

（3）人多才能力量大

沙子太多运不完怎么办？人多才能力量大，做份邀请函求助更多的人吧。

孩子们给大班的哥哥姐姐送去邀请函，向他们求助！

哥哥姐姐们果然力气很大，他们运沙的速度也很快，给予了我们很大的帮助。

再去邀请保洁奶奶帮助我们吧！

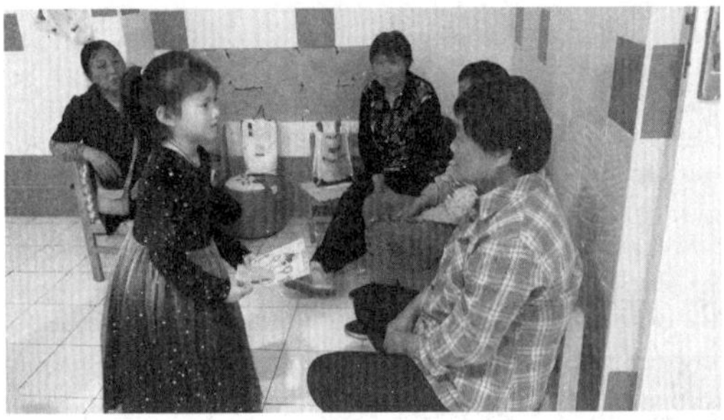
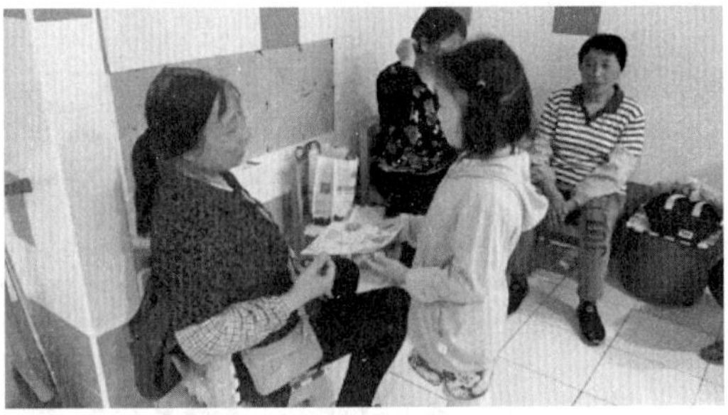

奶奶们经验十足，不仅带来了她们的大推车，还带了大铁桶、铲子、蛇皮袋等工具，让我们大开眼界，帮了我们很大的忙。

通过哥哥姐姐和奶奶们的帮助，我们的进程加快了。他们的这份辛苦与热情，孩子们一直记在心中。我们自己种植的黄瓜成熟后，孩子们立刻想到要采摘一些送给帮助过我们的哥哥姐姐和奶奶们……

幼儿的经验与学习： 在尝试解决问题的过程中，孩子们大胆交流遇到的困难，并讨论合适的解决方式。孩子们愿意承担力所能及的自我服务劳动和集体服务劳动，初步养成爱劳动的习惯。在自我劳动和观察他人劳动的过程中，体会到劳动的艰辛，进而珍惜劳动成果。

教师的思考与支持： 在整个过程中，教师与幼儿一起讨论并总结出解决问题的方法。小小的黄瓜朴实无华，却也是孩子们亲手种植和采摘的，将自己的劳动成果回馈给帮助自己的人，是对他们的感恩和尊重。

8. 我们的泥池有多深

孩子们经历了两个多月的时间，终于将沙子都挖了出来，那么多沙子，这个泥池到底有多深啊？孩子们跨进去比对着。

“它到我的腰这边。”

“它比我的腰还高呢！”

孩子们兴奋地说着。

彤彤提议：“我们可以用尺子量一量啊，班级里就有卷尺。”

两个小伙伴合作，一个拉住卷尺一端放在沙池底部，一个直直地将尺子拉起来，然后用笔做个记号，数字 55，原来我们的泥池有 55 厘米高呢！把里面的沙子

挖出来可真不容易呀！

幼儿的经验与学习： 孩子们经过一段时间的努力，终于将沙子搬运完了，原来装满沙子的池子变空了，孩子们发现空池子不浅。测量泥池的深度也能够让孩子们从中获得成就感和满足感。一开始，孩子们只是简单地用自己的身体作为测量工具测量，能够大致比对池子的深度，但没有明确的数据。于是，有智慧的孩子提出利用测量工具卷尺来进行测量，体现出其能将对工具的认知和使用经验迁移到现实问题中。同时，这也帮助部分幼儿了解了卷尺的使用方法。

教师的思考与支持： 我们除了可以测量泥池的深度以外，是否可以估算运走的沙子的重量呢？在后续的活动中，我们根据泥池的深度和直径长度等数据，估算了运掉的沙子总重量是 4.7 吨。沙子的重量对孩子们来说只是个数字，但在前前后后的过程中，孩子们的收获是没法计算的，我想这令他们受益终身。

9. 我的泥池设计图

池子里的沙子都挖出来了，泥池真正的改造也即将开始，孩子们心目中好玩的泥池是什么样的呢？看看他们天马行空的设计图吧！

一梅：我要放各种颜色的泥土，做一个彩虹泥池。

欣欣：泥土可以用来堆泥人，我还要做一个城堡。

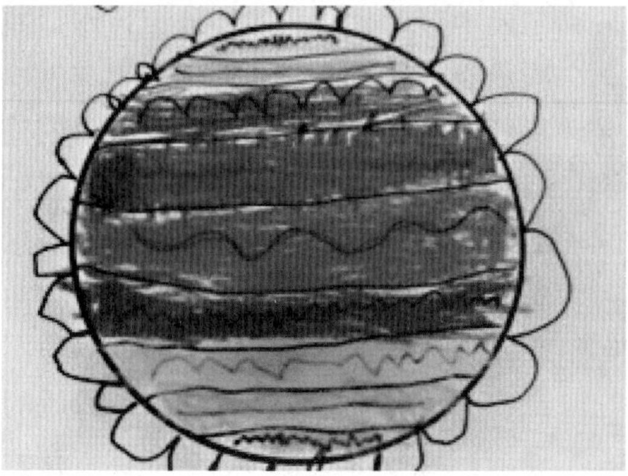

幼儿的经验与学习： 孩子们在活动中能够大胆和同伴交流自己想要制作的内容，能够将自己设计的东西通过绘画的方式表现出来，学会合理进行构图，利用线条和形状表现感受过的物体的基本结构和主要特征，初步学习在画面上安排物体的上下、左右关系。

教师的思考与支持： 教师可以提供更多的材料，如橡皮泥、超轻黏土等，让幼儿用这些材料进行一个微观立体的设计，更加直观生动地表达出自己的想法。对于花了这么多的时间和力气、精力创造好的玩泥池，他们会格外珍惜，因为这是他们通过自己的劳动为自己和弟弟妹妹创设的泥池，真的令人期待！

结语：

在泥池改造的前中期，孩子们始终不曾放弃，充满热情并坚持着。从手拎一桶一桶沙到骑着三轮车运沙，从跌跌撞撞推着小推车到健步如飞，孩子们的手眼协调能力以及平衡能力都有了提升。在挖掘沙子的过程中，孩子们寻找身边的各种工具，对劳动工具的认知、使用和整理能力都有所提高。运沙时，孩子们的沙桶侧翻了，但他们不愿放弃，蹲下身子将地上的沙子抓回桶里，这是孩子们对自己劳动成果的呵护。将沙子运到终点，抬起车头倒沙，也锻炼了孩子们的臂力。我们常常感受到孩子们团结互助，遇到问题时，一起商量对策，有效地提高了解决问题的能力，促进了幼儿间的交往与合作。劳动之于幼儿，是创造性的游戏，也是创造性的教育，能够提升幼儿不断探究尝试、思辨创新、坚强勇敢、不怕困难等意志品质，是整个幼儿教育中必不可少的一部分。

未完待续：

一点点地搬运，一次次的坚持，从一开始的一个班到后来越来越多的哥哥姐姐、老师们的帮助，沙子终于运完了！但这只是“沙子大搬家”活动的开始，我们的活动仍在进行，我们的改造还将继续，敬请期待吧！

苏霍姆林斯基指出：“只有通过有汗水、有老茧和疲乏人的劳动，人的心灵才会变得敏感、温柔。通过劳动，人才具有用心灵去认识周围世界的能力。”幼儿参

与园内劳动，能与同伴分工合作，共同承担劳动任务，从而培养荣誉感、责任感、规则感、合作性和做事的坚持性。生活即教育，幼儿在幼儿园生活，一草一木、一沙一池都与他们息息相关。他们在为小伙伴服务、为幼儿园这个大集体服务的同时，何尝不是在为自己服务呢？这种相互成就的环境，也许是最好的生活环境，在劳力上劳心，幼儿和教师都在成长。

第二节
社区劳动

社区劳动一般是指幼儿在家长或教师的带动下，参与的所在街道社区的象征性劳动，也包括节假日由家长带领所参与的一些志愿服务活动。社区是一个广阔的天地，更是一个丰富多彩的世界。要充分利用园外大环境、大世界中丰富的资源，让幼儿充分地走进自然，亲近自然，走进社会，接触社会。幼儿参与劳动没有功利的外部目的，他们能够全身心地投入劳动，体验劳动的快乐和劳动创造幸福的过程。随着服务对象扩大至社会公共团体，幼儿更能够体验到劳动的价值。同时，在群体中进行的劳动和为群体的共同利益而进行的劳动，是培养社会公民的重要方式。

学前期是幼儿公益行为开始萌芽和良好品德形成的关键时期，因此，我园的社区劳动更指向幼儿园外的公益劳动，服务与幼儿相关的他人以及群体，使他们从被动的接受者转变为主动的参与者，让他们意识到自己可以让别人的生活更美好。当幼儿意识到自己正在帮助别人，也正在帮助创造一个更加美好的世界时，他们更加自信，而且对他们人际交往、社会适应及社会责任感的发展有着重要的影响。

下面以中班上学期主题活动“除尘布新小卫士”为例，以“迎新除尘”为出发点，让幼儿走进社区，服务他人。通过“社区也要过新年”“社区里的红灯笼”“我为社区大扫除”等具体活动，引导幼儿尝试探究新的劳动工具，感受参加社区活动的快乐，体会为他人服务、为集体服务、为社区服务带来的自豪感和成就感。

示例：

除尘布新小卫士

（一）主题活动脉络

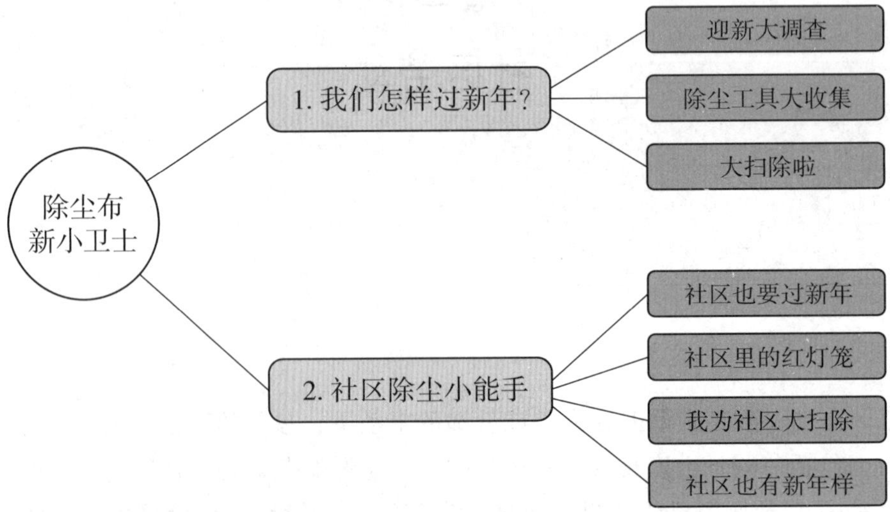

（二）主题活动关键经验

序号	可能引发的活动	关键经验
1	迎新大调查	1. 能通过简单的调查来收集关于迎新除尘工具的相关信息 2. 能基本完整且连贯地讲述自己的调查结果
2	除尘工具大收集	1. 初步了解不同的打扫工具的使用方法，掌握新的劳动技能 2. 在寻找工具的过程中，尝试动手动脑，探索工具的不同用途
3	大扫除啦	1. 活动时愿意接受同伴的意见和建议，共同完成打扫任务 2. 敢于尝试有一定难度的活动和任务，并能及时寻求帮助，解决活动中遇到的问题
4	社区也要过新年	1. 愿意与同伴一起讨论关于新年的话题，并大胆表达自己的想法。 2. 能初步尝试将讨论的结果用简单的图画和符号记录下来
5	社区里的红灯笼	1. 在制作灯笼的过程中，能用剪刀沿轮廓剪出简单的图形，边线吻合 2. 愿意并主动参加集体活动，能主动和同伴共同合作完成新年作品并装饰教室和社区 3. 能结合新年主题，用绘画、手工制作等多种方式表现自己的所见所想
6	我为社区大扫除	1. 喜欢接触新事物，能够动手动脑探究新工具的使用方法 2. 愿意和家长一起参加社区的活动，帮助社区除尘布新 3. 能初步承担力所能及的劳动，为他人服务、为集体服务
7	社区也有新年样	1. 通过向大家介绍自己宣传画报的内容，初步了解自己，愿意表现自己，有自信心 2. 在社区探究挂宣传画报的过程中，能积极动手动脑，学习挂宣传画报的方法并发现宣传画报的作用

（三）主题活动实录

活动缘起：

时光匆匆过，天寒好个冬。超市和商场都挂起了红灯笼、新年拉花、鞭炮、小辣椒等，一股浓浓的新年气息。小朋友们关于新年有什么想法呢？

1. 我们怎样过新年？

（1）迎新大调查

“新年好呀！新年好呀！祝贺大家新年好……”伴随着这首欢快的歌曲，孩子们开始了对新年的热烈讨论……

悦悦：新年的时候爸爸妈妈会带我出去玩，会有很多好吃的、好玩的。

宥宥：过年会放烟花、爆竹。

雨汐：过年的时候妈妈和奶奶会打扫卫生，用鸡毛掸子掸灰尘，把家里打扫得干干净净。

能能：过年的时候我们要拜年，说吉祥话，大人会给我们发红包。

菲菲：新年可以穿漂亮衣服，挂红灯笼。

通过有关新年话题的讨论，我们发现孩子们知道的可真不少！说到大扫除，要做些什么呢？孩子们和家长们一起进行除旧迎新大调查。

欣欣：妈妈会用抹布、百洁布把门窗桌椅擦干净，爸爸也会用扫帚、拖把打扫地板。

柚子：我们家也会用扫帚、拖把、吸尘器等来打扫卫生。

乐乐：我们家除了扫帚、拖把、簸箕、抹布这些工具，爸爸还买了打扫卫生更方便的扫地机器人。

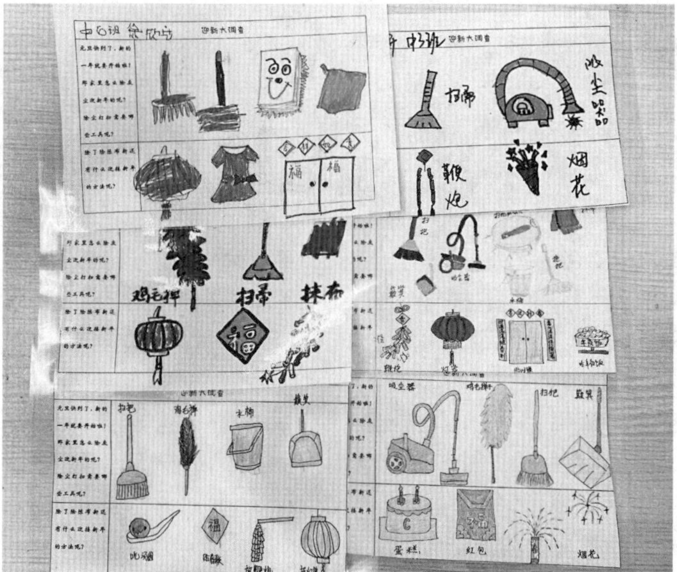

幼儿的经验与学习：孩子们在讨论的过程中能够结合自己的生活经验说一说关于春节的习俗，在说到自己感兴趣的话题时愿意积极主动地和同伴交流。在调查除尘工具的时候孩子们能够初步尝试用简单的图画和符号将调查的结果记录下来，并且能够在集体面前分享自己的调查结果。孩子们通过谈话、调查、讨论等，能大胆表达自己的想法，迁移生活经验，学习打扫的新技能，增强了劳动意识。

教师的思考与支持：随着同伴间的相互介绍，孩子们对新年的到来越来越向往。通过相互介绍各自的新年调查，孩子们了解人们怎样迎接新年，知道新年前要除尘迎新，也乐意调查寻找各种可以帮助大扫除的工具，并在介绍的过程中能结合自己的经验讲解各种工具的使用方法。同时，教师及时地提供图片和一些实物帮助幼儿理解，积极地鼓励幼儿自由尝试探索一些工具的使用方法。

（2）除尘工具大收集

在孩子们的调查结果中出现了各种各样的工具，但是这些工具都合适吗？我们可以去哪里找到这些工具呢？于是我们和孩子们进行了一场大讨论，孩子们纷纷讲述了自己家里过年时大扫除的情景。

甜甜：我觉得要用到鸡毛掸子，因为我妈妈会用鸡毛掸子把角落的灰尘扫掉。

大友：还要用到抹布，可以把窗户上的脏东西擦掉。

甜甜：我们教室里就有扫把，还有抹布。

悠悠：我们还可以去问问保洁奶奶。

看，为了不弄脏衣服，我们还可以穿一件罩衫。擦桌子擦窗户需要抹布和水桶。打扫卫生会用到吸尘器、扫帚、簸箕等。最后，孩子们画出了自己需要的工具，一起在幼儿园和班级里找一找。同时，我们鼓励孩子把家里的小工具都带来，准备一起大扫除。

幼儿的经验与学习：在活动中，孩子们讲述了自己家中大扫除的情景，认识了各种劳动工具。在搜索各种工具的同时，孩子们感受到劳动带来的快乐。孩子们能在劳动中体验、学习、认知、思考和行动起来，用眼睛去认知，用小手去劳动，获得最直接、最真实的生活经验，在劳动中获得自信和满足。

教师的思考与支持：教师在幼儿教育过程中的角色不仅仅是知识的传递者，更是幼儿学习活动的支持者、合作者、引导者。开展社区“除尘布新”活动，就是引导教师充分利用社区的教育资源，扩展幼儿生活和学习的空间。在活动中，教师和幼儿一起讨论、调查、搜索工具，充分发挥幼儿的自主性。教师要支持幼儿的学习活动和生活活动，鼓励幼儿多参与家庭劳动和社区劳动，鼓励家长们共同参与，给孩子起好带头作用，做孩子的好榜样。

（3）大扫除啦

工具收集好了，孩子们迫不及待地开始进行大扫除。“我要擦窗台！”“我想扫地！”“我喜欢擦桌子！”孩子们一个个分工明确，拿上工具，换上装备，化身成一个个清洁小卫士，忙里忙外开始了大扫除。正在擦玻璃的菲菲突然朝着边上的博博喊道：“博博，你快来，这里太高了，我够不着。”“让我来！”博博一边把袖子往上拉拉，一边走过来接过菲菲手里的毛巾，试着往窗户上脏的地方擦，可是跳了跳还是没有够着。“菲菲，我也够不着，要不我们搬个椅子试试？”“不行，你看这个太高了，就是站椅子上也够不着，而且如果用两个椅子的话，太高了，我们小朋友踩上去不安全的。”一旁正在打扫阳台的尤一说道。“我们可以用鸡毛掸子呀，我们家过年打扫卫生的时候就是用的这个，可以够到很高的地方。”“可是我们没有呀，怎么办？”孩子们围在一起开始讨论、思考。最终孩子们利用旧毛巾和竹竿，在教师的帮助下做成了简单的“鸡毛”掸子。

幼儿的经验与学习：给教室大扫除，对孩子们来说是一件既兴奋又有意义的事。通过努力用小手拂去尘埃，亲身参与“除旧”活动，将传统的年俗活动与日常生活联系起来，幼儿的生活经验丰富了。在大扫除的过程中，孩子们不怕脏、不怕累，感受着劳动的快乐。作为迎新年的活动，大家为和谐美好的幼儿园生活贡献出自己的一份力量。在这个劳动过程中，他们锻炼了思维能力，培养了合作探究的能力。

教师的思考与支持：这次大扫除，我们可以做哪些事情？打扫某些地方的时候，一个人可能来不及或者干不来，可以怎么做呢？孩子们通过自己的思考、与他人的沟通，会去寻找伙伴的帮助。打扫较大的场地，孩子们会合作完成。孩子们在亲身体验劳动的过程中感受优秀传统文化，体验劳动、合作的快乐，分享助人为乐和成功的喜悦，同时在活动中，孩子们也增强了服务劳动的意识，培养了爱劳动的良好习惯。相信在一块块抹布的背后，是孩子们一张张热爱劳动、热爱幼儿园生活的美好笑脸。

2. 社区除尘小能手

（1）社区也要过新年

幼儿园的新年氛围愈渐浓烈，当我们沉浸其中时，有孩子提到自己居住的小区一点都没有过年的样子。没有红红的灯笼，没有红红的福字。于是我们一起讨论起来：要过年了，我们可以为社区做些什么呢？让我们的社区也能和幼儿园一样好看，让更多的人感受到新年的气氛……

妍妍：我们可以为社区打扫卫生，像我们打扫教室一样，把社区变得干干净净的。

东东：我们也可以把社区装饰得漂漂亮亮。

蕊蕊：老师，我会做灯笼，我们可以做一些灯笼，挂在社区里。

贝贝：我们还可以画一些关于过年的画。

文彬：我们还可以一起把画挂到社区里面。

孩子们的想法真多呀，想把社区变得更漂亮更有年味儿的心情更加强烈啦，那我们快快行动起来吧。

幼儿的经验与学习： 孩子们在“可以为社区做什么”的谈话讨论中，萌发了为社区服务的想法，这是我们班小朋友第一次为社区做服务劳动，通过阅读绘本、观看新年庆祝视频，孩子们了解了新年的由来，知道了有关新年的各种习俗，如贴对联、挂灯笼、守岁、除尘、吃年夜饭等。新年那么喜庆，自然少不了我们红红的装饰物。于是，孩子们开始了新年饰物大制作。

教师的支持与思考： 作为教师，我们既是引导者也是支持者，积极组织谈话活动，引导幼儿积极思考，大胆表述，并对幼儿的想法给予鼓励和支持，根据幼儿的想法，我们组织了一系列活动，为进社区做了充分的准备。同时，通过图书、视频等多种形式丰富幼儿关于春节习俗的相关经验，为幼儿的后续活动奠定基础。

（2）社区里的红灯笼

“如果我们的社区装饰很多红灯笼，一定会很好看。”“还有鞭炮，这个也不能少。”“到处都是红红的，年兽就被吓走啦。”孩子们兴奋地分享着自己的想法。挂灯笼象征着团圆，红红火火，营造出了一种喜庆的氛围。我们欣赏了各种各样的灯笼，有孔明灯、仿古宫灯、兔子灯、荷花灯，孩子们选择了自己要制作的灯笼，一点一点完成作品，还不忘分享给同伴欣赏。“你看我的五片灯，”辰睿跑过来向我们激动地展示，“我还穿了红色的衣服做灯笼。”接着他讲起了制作方法：

“先把圆形剪下来，再……然后……”睿睿认真的神情像是完成了一项巨大的工程，这是他精心制作的灯笼，到时候一定要挂在最显眼的地方才好。

另外两组也在认真制作，他们选了不同的灯笼图纸，用剪刀剪出灯笼的镂空，再粘贴黄色的纸条，轻轻卷起来，贴上双面胶，牢牢粘好，一个镂空花灯就做好了。孩子们分工合作，有的剪彩纸，有的贴彩带，有的给灯笼塑形，忙得热火朝天。他们的小脸儿在彩纸的映衬下，更显得红扑扑、喜盈盈。他们叽叽喳喳讨论作品进度的场面，活泼又充满朝气，像一群小小鸟在争吵着迎接新年的到来。

幼儿的经验与学习：“过年”这一话题，对孩子们来说是熟悉的，孩子们感兴趣的事物和问题很多。中班的孩子不但想说、敢说、喜欢说，也能大胆地用美术、语言、手工等方式表现自己的感受。作为整个活动中的一个环节，自己动手制作春节作品并装饰教室，是最能使孩子们直观感受到新年气氛的。教师搭建一个让孩子们大胆想、画、做的平台，孩子们分工合作，动手动脑，交流讨论，既增加了对于新年习俗的了解，又体验了制作和装饰的成就感，丰富了孩子们的感性经验和情感体验。

教师的思考与支持：一个好的活动是能够为幼儿留下深刻印象的。在活动中，孩子们都能积极投入认真参与，并有成功、有收获。活动结束后，他们能说出自己做了哪些事，有什么样的想法和感受。《指南》中指出：“鼓励幼儿尝试有一定难度的任务，并注意调整难度，让他感受经过努力获得的成就感。”此次活动中，教师充分尊重幼儿，尊重他们独特的笔触、充满想象的言语和丰富的情感，提供丰富的材料、工具和物品，支持孩子们的制作表现，发展幼儿读图操作的能力。最后用他们的作品布置社区，让孩子们学会帮助他人、服务他人，在为他人服务的过程中感受到自己的价值。

（3）我为社区大扫除

经过精心的准备，在满满的期待中，今天，孩子们终于来到了社区，帮助社区除尘迎新。他们拿出了准备好的工具，有扫把、钳子、抓夹、垃圾桶等。大家戴上了帽子和手套，热火朝天地干起来了。瞧，他们干得多起劲呀！

子瑜：这里的垃圾可真多呀！我要把这里打扫干净！

玥玥：啊，这个垃圾桶好臭。我们打扫完一定会干干净净。

孩子们积极地表达着对环境的看法，似乎并不是很满意。但是勤劳的孩子们愿意为社区里的人们服务，努力地跑前跑后，认真地打扫着。

玥玥：原来，我和弟弟把家里弄得乱七八糟，妈妈打扫起来会这么累呀。怪不得妈妈会生气。下次我要告诉弟弟不能乱扔东西。

小雨：打扫卫生让我的身体都变得暖和起来了。就像做运动一样。真开心呀！

经过近一小时的忙碌，草丛中、道路边已不见了垃圾的踪影，社区的环境焕然一新。寒冬的风呼呼地吹着，而我们的心里都是暖洋洋的。

幼儿的经验与学习：在活动中，孩子们认识了劳动工具，学习了如何使用劳动工具。在劳动中，孩子们体验到了帮助别人的快乐，同时也能够体会到别人为我服务的辛苦，愿意珍惜别人的劳动成果。不仅如此，孩子们能把我们学习到的知识运用到实践中，重温了垃圾分类的知识，做到知识和经验的融会贯通。

教师的思考与支持：教师是幼儿活动的支持者、合作者、引导者。在前期的活动中幼儿已经有了经验上的铺垫，通过此次实践，进一步将经验内化。这对幼儿的社会性发展和良好人格的培养具有重要的作用。在本次活动中，教师陪伴着幼儿一起参与，但是不过多指导，给幼儿足够的空间去发现和操作。对于中班年龄段的孩子来说，参与和坚持是十分重要的，孩子们愿意去尝试并且完成任务。教师应该对幼儿的行为进行肯定与表扬，强化此类行为。

（4）社区也有新年样

经过孩子们的一番努力，社区变得更加干净、更加卫生了。孩子们迫不及待地拿出为社区准备的新年礼物。快看，有孩子们动手和爸爸妈妈一起为社区准备的红红的大灯笼、鞭炮，还有很多好看的年画。孩子们一起来为社区装扮，让社区也有新年样，变得更加漂亮，让大家都能感受到新年的氛围！快看，孩子们已经开始装扮啦！

茜茜：怎样才能把画挂起来呀？

蹦蹦：你看，这里有绳子，打个结挂在栏杆上就可以了。

晴晴：打结我不会，我感觉用夹子应该也可以。

诺诺：我会打结，我可以教你。

小语指着自己的画介绍起来：这是我画的烟花，我妈妈说过年了不能放烟花，因为放烟花很危险，还会污染环境。

豆豆：我和爸爸一起准备了画报，我爸爸可厉害了！

小志：我们班小朋友一起制作了红灯笼！

经过孩子们的装扮，社区挂满了红红的灯笼、鞭炮，挂上了美丽的年画，可真漂亮啊！

幼儿的经验与学习：孩子们亲手制作了灯笼、福字，并将自己的祝福送到社区，传递给更多的人，体会分享的快乐。他们向大家介绍宣传画报的内容，发展了语言表达、沟通交流的能力；在与其他幼儿共同学习打结挂画的过程中，成功学会了打结，增强了自信心；挂好宣传画报后，体会到了成就感。

教师的思考与支持：活动前，我们通过区域活动、集体活动等形式积累了一些劳动技能，如打结。幼儿以能到社区分享自己的画报为荣，在日常活动中，可以为幼儿提供更多分享的机会。在亲子制作中父母给予了幼儿更多的陪伴，可以开展更多亲子活动，为幼儿提供更多亲子互动的机会。在各项活动中，可以为幼儿提供表现自己的机会，让幼儿更加大胆地在众人面前表现自己，锻炼幼儿的口语表达能力、沟通交流能力等。

孩子们回到教室后，相互讲述着劳动的喜悦。

子轶：我捡了很多垃圾，社区太脏了！

轩轩：我们把小区打扫得干干净净。

涵涵：我们唱歌跳舞真开心。

悦悦：住在小区里的爷爷奶奶夸我们真能干！

对孩子们来说，这是他们第一次走到幼儿园外，为自己居住的小区或幼儿园附近的小区打扫卫生，既新鲜又兴奋。小区里的爷爷奶奶看到孩子们用稚嫩的小手在草丛、花坛里捡垃圾，清理卫生，不由得被孩子们的行为所感动，纷纷向他们伸出了大拇指。

结语：

通过本次活动，孩子们强烈地意识到乱扔垃圾对环境造成的影响，体验到劳动的快乐，树立了环保意识，懂得热爱和保护家园的环境。同时，这样的一次社群服务劳动，给孩子们提供了自由、自主创造的机会，孩子们能从劳动体验中学习、认知、思考、感觉和行动，用眼睛捕捉生活的符号，用双手擦亮生活的窗户，获得最直接、最真实的经验，在劳动中获得自信和满足。相信他们将来也会用实际行动来营造一个干净整洁的生活环境，用自己的双手去帮助、服务更多的人，同时在劳动中让自己变得更好！

在园外劳动的过程中，孩子们走进社区，对社区进行布置装扮、除尘迎新，体验到协作的快乐和品行的升华，了解了社会，增长了知识、技能，形成了正确的价值观和人生观。参加园外劳动的过程是幼儿社会性不断完善的过程。幼儿积极参加园外公益劳动，激发了探索潜能，锻炼了体魄，促进了身心健康和谐发展。在劳动过程中，发展自信和自尊，在良好的社会环境及文化熏陶中学会遵守规则，形成基本的认同感和归属感。

第三节
家务劳动

家务劳动，是指作为家庭成员的幼儿在日常家庭生活中必须从事的一种义务劳动，是幼儿生活中最常见、最直接的劳动。

对幼儿来说，家务劳动蕴含着重要的“学习价值”，正如习近平总书记曾对少年儿童所说的“生活靠劳动创造，人生也靠劳动创造。你们从小就要树立劳动光荣的观念，自己的事自己做，他人的事帮着做，公益的事争着做，通过劳动播种希望、收获果实，也通过劳动磨炼意志、锻炼自己”。同时，家务劳动能够为孩子提供丰富的感知、操作机会，使他们在各种操作活动中获得认知发展，锻炼各种能力，养成良好的生活习惯，培养责任感和良好品质。

下面以中班下学期主题活动“爱劳动的小宝贝”为例，通过“欢迎来到我的家”“妈妈的一天”“工具本领大”“我想成为的人”等活动，引导幼儿体验劳动带来的喜悦，感受家人劳动的辛苦，并愿意珍惜劳动成果。

示例：

爱劳动的小宝贝

（一）主题活动脉络

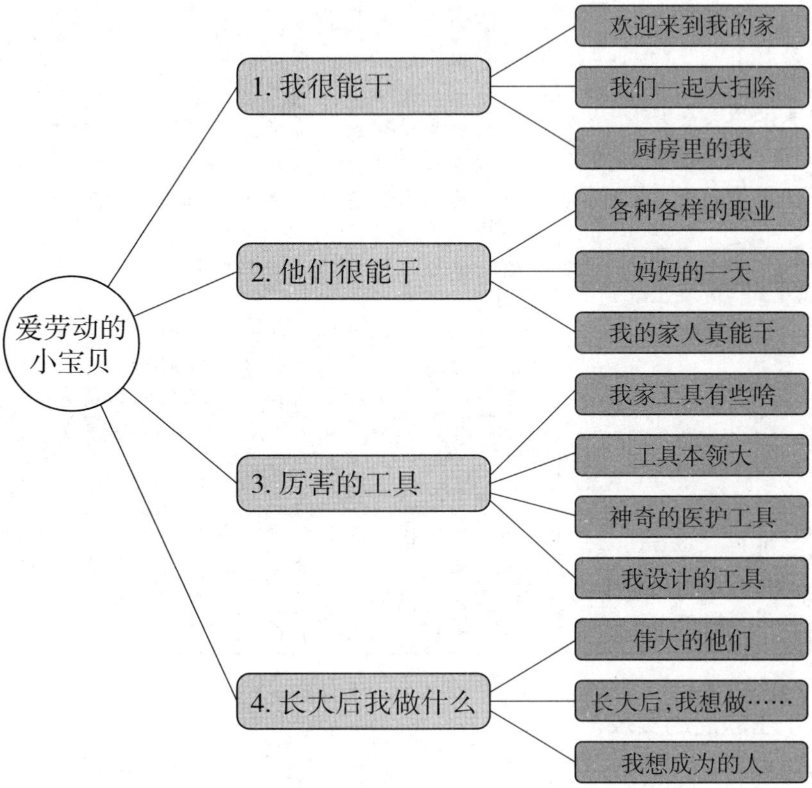

（二）主题活动关键经验

序号	可能引发的活动	关键经验
1	欢迎来到我的家	1. 能大胆介绍家庭住址（具体到门牌号）、房间格局等 2. 能正确使用“请”“谢谢”“不客气”等礼貌用语
2	我们一起大扫除	1. 愿意说出自己会做的事，萌发自豪感 2. 初步尝试用简单的符号和图形，或在成人的帮助下制定计划并完成
3	厨房里的我	1. 愿意参加家庭劳动，知道自己能做的事，并积极动手尽力做好 2. 愿意分享劳动后的感受，萌发自己动手做事的愿望，体验劳动带来的快乐和自信
4	各种各样的职业	1. 能通过简单的调查来收集自己感兴趣的职业的相关信息 2. 能基本完整、比较连贯地讲述自己的调查结果

续表

序号	可能引发的活动	关键经验
5	妈妈的一天	1. 初步了解新冠肺炎疫情防控工作中的逆行者，学会尊重为大家提供服务的人，珍惜他人的劳动成果 2. 了解妈妈的一天，感受她对家庭的付出，愿意大胆表达自己的爱
6	我的家人真能干	1. 对家人的本领感到自豪，萌发向他们学习的愿望 2. 体会家人的辛苦，懂得家人的重要
7	我家工具有些啥	1. 认识各种各样的工具，了解不同工具的用法 2. 能初步尝试记录、统计、简单分类家中常见的工具
8	工具本领大	1. 了解常见工具外形结构的特点、基本用途和使用方法 2. 愿意参加家庭劳动，学习使用基本的劳动工具，爱惜劳动工具
9	神奇的医护工具	1. 通过调查认识疫情防护中医生们使用的医护工具及其用途 2. 对医护工具感兴趣，知道健康的重要性
10	我设计的工具	1. 用自己喜欢的方式设计不同造型的工具 2. 能在同伴和家人面前大胆介绍自己的创意
11	伟大的他们	1. 了解各行业优秀的人，知道这些工作者为大家作出的贡献 2. 尊重劳动者和他们的劳动成果，愿意向他们学习
12	长大后，我想做……	1. 丰富对不同职业的了解，初步懂得要为理想付出努力 2. 通过交流、讨论，能够大胆地表达自己的想法
13	我想成为的人	1. 愿意写写画画，表达自己的感受和想象 2. 对长大后的职业充满向往之情

（三）主题活动实录

活动缘起：

这个特殊的寒假我们被一个叫“新型冠状病毒”的家伙搞得晕头转向，不能出门旅游，不能和小伙伴们一起游戏。疫情之下，很多人停止了工作，不能外出，但是部分劳动者仍然坚守在工作岗位上，为大家服务。宅在家里的小朋友们能做哪些力所能及的事情呢？

中班的孩子愿意参与家务劳动，具有初步的自我服务意识和责任感。中班组老师们为孩子们量身定制了“爱劳动的小宝贝宅家锦囊”，以疫情带来的宅家现状为契机，充分利用家长资源，让孩子们学会劳动、热爱生活，提高创造能力和动手能力，形成健康人格。

实施过程：

• 线上教研定目标

根据中班幼儿的年龄特点，结合疫情带来的宅家现象，年级组老师抓住这一契机，通过线上研讨，确定“爱劳动的小宝贝”主题活动的目标，为课程框架的搭建和课程内容的选择确定方向。

活动目标：

1. 了解不健康的生活方式是引起疾病的原因，要讲卫生、爱清洁。

2. 愿意多锻炼，多运动，增强体质，养成良好的行为习惯和卫生习惯。

3. 能积极地参与亲子活动，愿意用绘画和手工的方式与亲人共度愉快时光。

4. 每天按时起床和睡觉，并能坚持午睡，养成良好的作息习惯。

5. 能和爸爸妈妈一起合作，并能尝试按照自己的想法进行游戏或其他活动。

6. 愿意参加家庭劳动，会使用基本的劳动工具。

7. 知道爸爸妈妈的职业，能体会父母为养育自己所付出的辛苦。

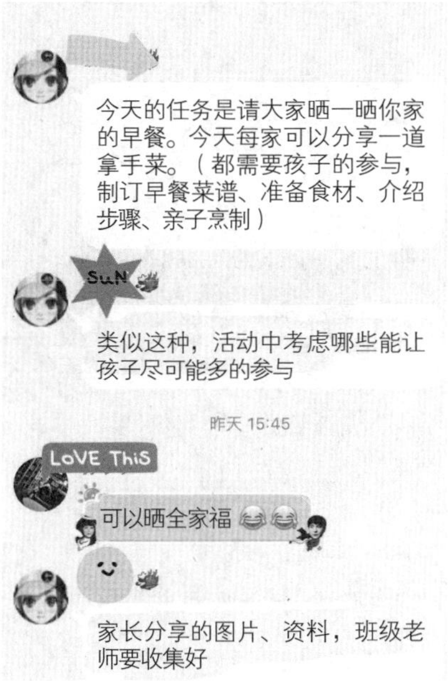

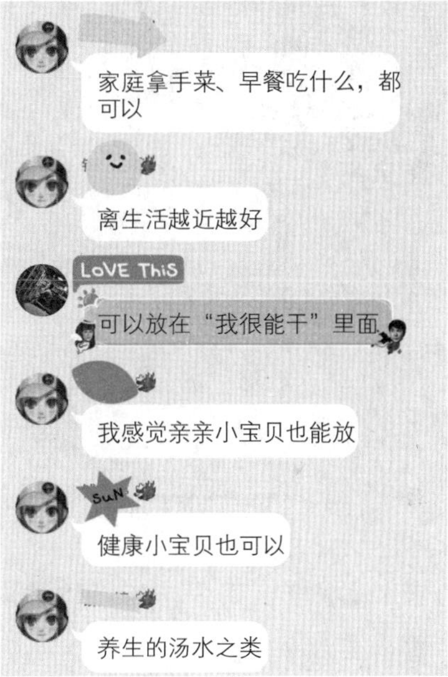

• 预设内容搭框架

1. 我很能干

欢迎来到我的家：介绍家里的地理位置、门牌号、房间格局等。

我们一起大扫除：制订大扫除计划、我们一起大扫除、大扫除后说说我的感受。

厨房里的我：调查需要的食材、食物怎么做、准备食材制作美食、参看步骤图烹制、分享制作中的感受。

2. 他们很能干

各种各样的职业：爸爸妈妈的工作（采访爸爸妈妈的职业）、我知道的工作（调查自己感兴趣的职业）、最美逆行者（观看疫情工作中的逆行者，尝试进行角色扮演，如医生和消防员等工作者）

妈妈的一天：分享《朱家故事》，感受家人对家庭的付出。

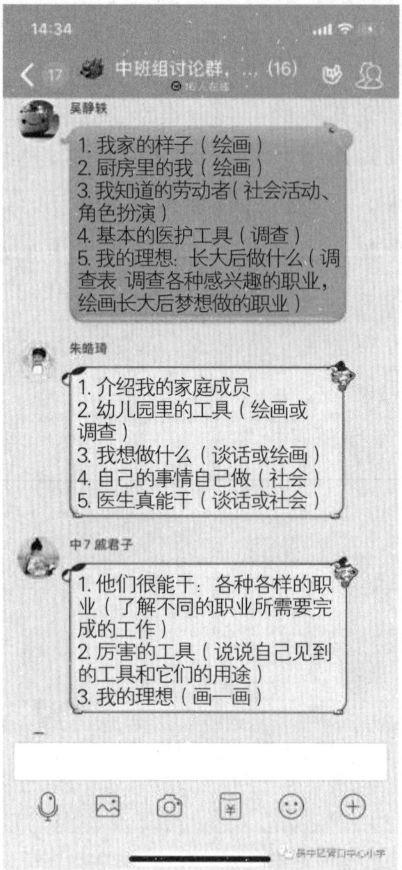

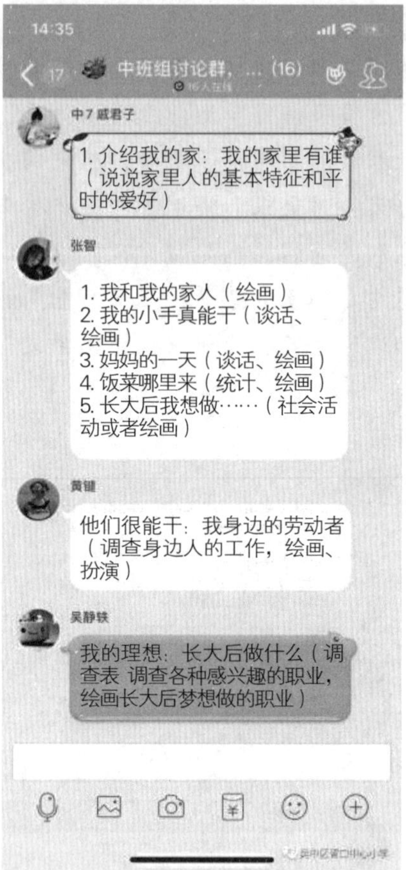

我的家人真能干：秀一下家人的本领，例如健美操、做美食等。

3. 厉害的工具

我家工具有些啥：找找家里的工具，并且进行记录、统计和简单地分类。

工具本领大：和爸爸妈妈一起调查收集到的工具有哪些用途。

神奇的医护工具：调查疫情防护中的医生们会使用哪些基本的医护工具。

我设计的工具：自己设计一种医护工具，并且介绍它的用途。（如消灭病毒等）

4. 长大后我做什么

伟大的他们：听听科学家或者医生的励志小故事。

长大后，我想做……：说说自己长大后想要做什么。

我想成为的人：画画自己想要成为什么样的人。

- **因班而异集资源**

在确定了基本的课程框架后，针对各班幼儿发展水平和能力的不同，也为了更加方便教师根据班级特色灵活开展活动，教师们搜集了丰富的课程资源，为后续活动的顺利开展做好充分的准备。

1. 健康小宝贝

卫生习惯、自理能力：

（1）学念儿歌童谣《防病毒，看我的》，学习正确的防范病毒的方法。

附儿歌：冠状病毒不可怕，小朋友们有办法。尽量不要往外跑，出门一定戴口罩。回家要把双手洗，不把病毒带回家。水果蔬菜不可少，牛奶鸡蛋也需要。冠状病毒快快跑，大家健康笑哈哈。

（2）向家人示范幼儿园学习的七步洗手法，全家人一起学起来，边念儿歌边洗手。（正确的七步洗手法）

（3）学习如何选择合适的口罩并学习戴口罩，说一说口罩的秘密。

（4）学习咳嗽时的正确处理方法。能够在咳嗽时用手肘捂住，咳嗽后能够及时用洗手液洗手。

（5）学习擤鼻涕。将纸巾对折，覆盖鼻子，轻轻按压一侧鼻翼，将另一侧鼻涕擤出，再擤另一边。将弄脏面对折在里面，扔掉纸巾。及时用洗手液洗手。

（6）学会正确的刷牙方法，养成每天早晚刷牙的好习惯。

（7）记录一段孩子会自己穿衣服、包裤子的视频。

小贴士：

（1）吹泡泡呼吸法。帮助孩子练习深呼吸的游戏方法。深呼吸可以帮助孩子纾解负面情绪，恢复平静。

（2）定期做好消毒工作，开窗通风，保证空气对流，减少病菌传播，可用消毒喷雾对玩具、地面、图书等进行消毒，用酒精棉片擦拭。

（3）注意饮食调养，可增强体质，抵抗疾病，同时也利于长高。（补充维生素 C：具有抗病毒和增强抵抗力的功能。如鲜枣、小辣椒、白萝卜缨等。补充维生素 A：具有保护和增强呼吸道黏膜和呼吸器官的皮细胞功能，抵抗各种病菌的侵蚀。如胡萝卜、玉米、西红柿等。食用菌：内含丰富的铁和钙，促进幼儿生长和智力的发育。如香菇、木耳、银耳、猴头等）

（4）外出回家，外套挂户外自然通风口半小时以上。用肥皂或者洗手液洗手在 20 秒以上。不吃生冷食物和不干净食物，养成良好的卫生习惯。

（5）要让幼儿有充足的睡眠，注意早睡早起。人体睡眠时分泌旺盛的生长素，对幼儿的生长发育有极大的帮助。同时需保证幼儿的住所有充分的光照，并注意经常开窗换气，定期采取家庭消毒措施。

（6）分享一道美食菜谱。

2. 亲亲小宝贝

体育游戏：

（1）和爸爸妈妈一起玩一个小游戏吧！如“可爱的袋鼠宝宝”“蚂蚁搬豆”“钻洞爬行”“抬后腿爬行”等。

（2）踢毽子、拍皮球打卡。

（3）复习早操律动，教一教爸爸妈妈。

亲子手工：

（1）我给武汉加加油！建议：为武汉加油，向医护人员致敬，通过网络媒体进行宣传，可采用拍视频、绘画等方式。

（2）制作一份小手工“纸杯烟花”。

（3）学习一个抗击疫情的手指歌。

（4）和爸爸妈妈们尝试种“蔬菜”（如豆苗、蒜苗等）。

（5）学画各种各样的福字。

（6）学用剪刀制作图形拼贴画。

亲子阅读：

（1）每天阅读一本绘本：《鼻孔的故事》《眼睛的故事》《不能溜达的春节》等。

（2）统计家里的图书，尝试分类整理，可以向朋友们展示自己特别的书。

（3）和爸爸妈妈一起来一场故事大会，一起来一场故事表演。

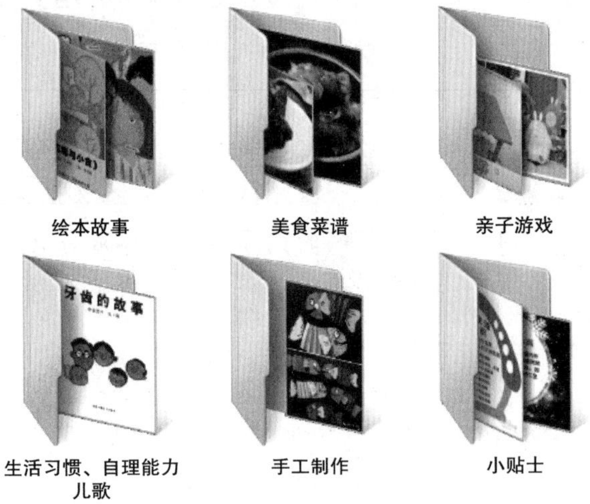

• **家长感悟听反馈**

“宅娃”们既学会了新本领，又帮助家人做了一些自己力所能及的家务劳动。面对孩子们一天天的变化，家长们也是感悟颇多。

菲菲妈妈：昨天收到“动动小手，一起做家务”的任务，菲菲表示很兴奋。平时她就是一个非常愿意干家务活的小姑娘，每次给她洗澡的时候，她都会把浴室的玻璃擦得干干净净，看到院子里面有落叶了，也会立马拿起扫帚清理。昨天，她戴上袖套，和爷爷一起打扫他们锻炼身体的活动室，完成了一次非常愉快的大扫除。可能因为小朋友力气小，干的活不是那么完美，也可能因为经验不足，掌握不了巧劲，有时候难免会帮一些倒忙。但是我觉得不要紧，让小朋友们有一颗愿意劳动的心就可以了。只有自己体验了做家务的辛劳，才能更好地让家保持得更干净、更温馨。

阳阳妈妈：让孩子们在这个特殊的日子里学做些简单的家务事，真正做到了“延学不停学”，不仅让孩子们学会了正确而又合理的生活方式，更让孩子们懂得做事要有条理。人人都做个爱劳动的小朋友，让我们的生活更美好。谢谢老师们的精心安排，让孩子们的寒假生活更充实！

一一爸爸：一些力所能及的家务还是要让小朋友试着做做的，比如扫地、择菜、叠衣服。虽然很多时候最终成果不怎么样，有时甚至是帮倒忙，但是他们能自己动手帮着做就是一种进步。很多时候多给他们一些肯定和鼓励，他们会做得更好。

• 展示风采看成效

1. 自我服务

小朋友们在幼儿园养成的良好习惯，在防疫期间也能坚持下去。你看，我们会洗衣服、叠衣服、自己的玩具自己整理。

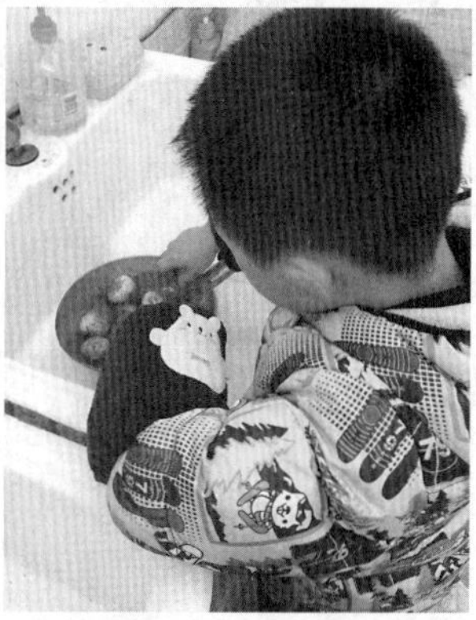

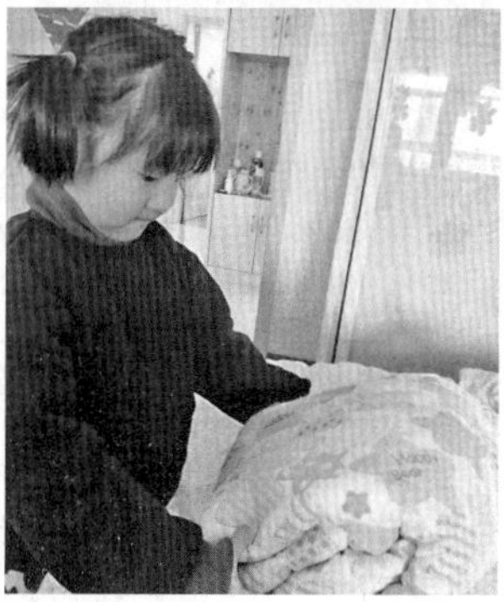

2. 为他人服务

妈妈一个人打扫屋子太辛苦，我也能做一些简单的家务活，扫地、拖地、擦桌子，样样事情都能干。我还会择菜、洗菜，就连拖地也不在话下。

3. 自制美食

宅在家里的小朋友们和爸爸妈妈一起制作了各种美食：饺子、馄饨、汤圆、南瓜饼、蛋糕等。揉面、擀皮、包一包、尝一尝，一道道工序一气呵成，自己做的美食“味道鲜得眉毛都要掉下来啦”。

结语：

面对因疫情带来的特殊情况，幼儿不能正常开学入园，为了丰富幼儿的居家生活，中班组开展了“爱劳动的小宝贝”活动，在遵循幼儿身心发展特点和学习方式的前提下通过在线研讨确定活动框架和内容。同时结合班级幼儿的特点选择合适的活动内容，充分利用家长资源深入推进活动的开展。看着孩子们劳动的样子，真心觉得孩子们在这个特殊的假期里已经长成大孩子模样了。希望本次活动可以帮助幼儿学习初步的劳动知识和技能，养成爱劳动的好习惯，逐步养成积极主动、不怕困难、敢于探究和尝试、乐于想象和创造的良好品质，进一步萌发爱劳动和爱劳动人民的感情。

家庭是一个人生命成长和发展进步的起点，更是进行启蒙教育的重要场所。作为家庭教育的重要组成部分，参与家务劳动是幼儿认识和熟悉所处的生活环境和社会环境的重要途径。家务劳动能够消除幼儿的依赖性，增强幼儿的家庭责任感、义务感。家务劳动虽简单，却是幼儿最早接触的劳动形式。幼儿付出劳动，也会有收获，如整洁的书桌、可口的饭菜、干净的衣服，会逐渐享受劳动过程中的苦和累，将其升华为精神的愉悦。当然，这个过程也需要家长的指导，需要幼儿自己做出决策。这样，就为幼儿开拓思维、锻炼能力、涵养创新精神提供了一个好的平台。

第四章

社群服务劳动的实施路径

劳动教育不同于其他的教育，它的实践性极强，园内实践远远满足不了以促进学生终身发展为目标的劳动教育的需求，只有让幼儿通过劳动实践，把知识与实践结合起来，才能真正实现劳动知识的传授、劳动观念的培养、劳动技能的提高和劳动品质的形成。幼儿首先要增强自理能力，强化劳动自理意识和劳动认知。在自我服务劳动的基础之上，随着幼儿社会交往能力和范围的扩大，由近及远，由易及难，逐步延伸至服务他人。在利用知识、技能和工具为他人和社会提供服务时，强化社会责任，培养利他主义的社会公德。

我园积极创设丰富的劳动教育环境，组织开展丰富的活动，活动形式多样。有精密型劳动活动，如联手社区、周边企业建设社群服务劳动基地，进行定期活动；也有松散型劳动活动，如结合民俗、文化、节日、节气等服务于社区养老院、小区、单位等。不同载体承载的培养目标各有侧重和不同，有的强调劳动中的交流与互动，注重实践体验，经历完整活动的过程；有的重在宣传，根据相应主题达到一定的宣传推广效果，体会平等和谐的劳动关系；有的则更注重劳动工具和材料的选择与使用，帮助他人或集体解决实际问题。但相同的是，其目标都是支持和满足幼儿通过直接感知、实际操作和亲身体验获得发展的需要，给幼儿提供充分的机会和挑战，合理推进幼儿园社群服务劳动。

幼儿园劳动教育强调经常化、实践化、活动化和规范化，因此，需要建立协同机制。考虑多样与整体，才能让劳动资源利用率最大化。本章主要结合实践案例，从建立实践基地、结合节庆活动、根据需要生成等实施路径进行分享。

第一节 建立实践基地

劳动教育实践基地是开展幼儿园社群服务劳动的重要场所和重要载体。它既是园内劳动教育课堂的延伸，也是家庭自主引导孩子丰富劳动体验、加强劳动实践的重要场所。园外劳动实践基地以其丰富的实践项目满足多样化需求，弥补幼儿园和家庭的供给短板，发挥独特的育人功能。纵观全国各类劳动教育实践基地，既有农场、企业，也有场馆、活动中心和学校。围绕社群服务劳动课程，幼儿园充分挖掘、整合可利用的空间，向外扩大劳动教育场域，满足幼儿的探究需求。丰富的社区基地资源，让幼儿熟悉社会中各个机构场所及其功能，了解各行各业劳动者的工作，激发热爱劳动者的情感和建立尊重普通劳动者的观念，使幼儿在劳动中体悟到与人合作、甘于奉献的乐趣，体验劳动创造幸福的过程，更加关注劳动的过程，培养对同伴、他人、社会的关怀态度，促进社会性发展。

一、劳动基地初探索

幼儿的成长过程中必定有许多值得感受和体验的事，仅仅依靠幼儿园的力量是远远不够的，需要家庭与社会的支持，以为幼儿创造更有价值的机会，让幼儿留下深刻而难忘的记忆。大班组的幼儿发现胥江河畔有乱扔垃圾的现象，于是我们围绕保护母亲河进行了一系列活动：文明城市建设内容宣传、环境保护宣传、保护名胜胥虹桥的宣传、讲述安全徒步的故事，结合生活中的相关经验将二维码运用到环境保护中，让更多人了解胥江河的故事，学习文明游胥江，懂得垃圾分类的方法等。幼儿在胥江欢乐广场开展了一系列活动，与此同时，在园部的支持下进行了劳动基地授牌，将胥江欢乐广场打造成了社群服务劳动基地之一。

与胥江欢乐广场的初次相识起源于大班的亲子春游活动。

示例：

我们的春游——胥江河之旅

万物复苏，到处都是春的气息，在多次交流之后大班组决定开展一次亲子春游活动。孩子们在知道即将要去胥江河春游的消息时，都激动地跳起来（由于疫情影响，孩子们没有参加过亲子活动），然后开始了热烈的讨论。

菲菲：我知道胥江河，就是大木桥那里，我和诺诺一起玩过的。

子萌：春游需要有一个好天气，要提前看天气预报，选一个有太阳又有风的好天气。

七七：春游我想穿上我最喜欢的小裙子，戴上好看的发卡，打扮得漂漂亮亮的去春游。

琪琪：春游我们除了玩好玩的游戏，还可以表演节目，我最喜欢唱歌了。

对于春游这个活动，孩子们无限向往，他们争先恐后地表达自己的想法。春游还可以做哪些事情呢？可以做哪些好玩的游戏呢？有人提出想和爸爸妈妈玩他们小时候玩的游戏。通过讨论我们决定发动家长资源，让爸爸妈妈们回忆他们玩过的游戏，和孩子们一起完成本次调查表，并在班级里展开了介绍和投票环节。最后大家决定一起制订一个春游准备计划，将需要注意和准备的材料一一列出。

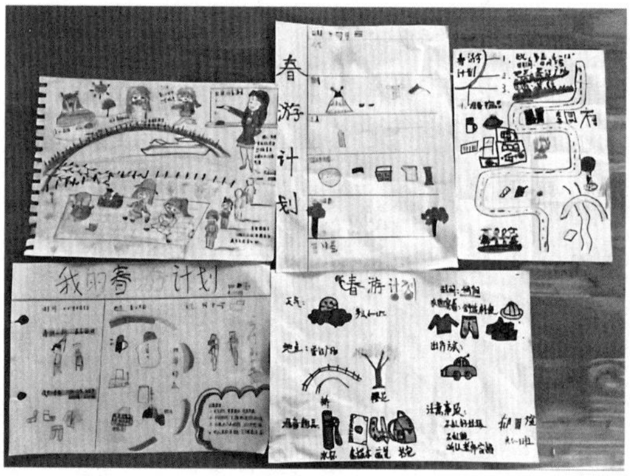

当幼儿对春游感兴趣时，教师要抓住时机，为幼儿提供资源和时间。这次的春游活动不仅仅是出门玩一玩，更是让幼儿参与到整个计划中去，让他们感受春游更多的趣味。在活动准备环节，家长也是一起参与的，加强了家园合作，也增强了亲子间的合作，为后续活动做铺垫。通过填写调查表，孩子们的调查和记录能力得到了一定的发展。在展示的环节，幼儿尝试用完整、连贯的语言来介绍自己调查的游戏，语言表达能力得到一定的提升，同时，倾听的能力也得到了一定的培养。最后的投票环节，孩子们能够根据自己的喜好做出决定，能够大胆地表达自己心中的想法。

背上小书包，戴上小黄帽，拉好爸爸妈妈的手，我们一起去郊游。

期待已久的春游活动，在孩子们的精心准备下圆满结束了。回到教室以后，孩子们对春游的兴趣依旧不减，他们围在一起讨论着自己的发现。一一提出，自己发现胥江里漂浮着垃圾，随后便有人附和说河边以及河道里面也有垃圾。这个发现引起了大家的兴趣，关于胥江河的话题还在继续。

示例：

胥江河的故事

铖铖给我们讲了胥江河的历史。原来胥江是伍子胥主持开挖的一条人工运河，是第一条从苏州出发的人工运河，历史悠久。淑妍说她很小的时候就跟着爸爸妈妈来胥江散步，现在的胥江旁边开了很多商店和饭店，人也变得越来越多了。睿睿还准备了图片，他展示了胥江以前的样子和现在的照片，胥江边果然变得越来越热闹繁华了。

孩子们还发现了胥江河边的垃圾，对于垃圾的由来产生了很多猜测。

明明：经常会有小朋友在这边上玩，然而他们太小了，会乱扔垃圾。

欣欣：对的，晚上这里很热闹，还有人跳舞，他们把餐巾纸扔进河里，就会弄脏河水。

天天：我爸爸妈妈说了，胥江河啊，不是一天两天弄脏的，也不是一个地方的人弄脏的，胥江河很长很长，整个胥口都能看到这条河，有的人乱扔垃圾，有的人倒脏水，还有工厂把废水直接倒进去，胥江河就很脏，会变臭。

莉莉：绝对不可以再这样下去了。胥江河里的小鱼会被臭死的。

面对胥江河被污染的现象，孩子们各抒己见，纷纷表示乱扔垃圾是不文明的行为。看来虽然人们生活水平不断提高，但一些不文明的行为仍时有发生，胥江河也产生了污染的问题，那么怎样让更多的人来了解它，保护它呢？小朋友的力量毕竟是有限的，怎样才能发挥小朋友的优势，力所能及地宣传和保护胥江河的环境呢？

“我们可以讲故事，告诉大人胥江河的历史，让他们知道保护环境的重要性。”子佚的提议得到了大多数孩子的肯定，那么我们就来一场胥江河历史故事大演讲吧。回家以后，孩子们和爸爸妈妈一起查阅了胥江河的历史，用自己的话生动地讲着故事。家长们还把他们认真准备的照片拍摄下来，发到群里和大家一起分享。有了爸爸妈妈的参与，孩子们更加充满自信。

调查的环节是极具开放性的，它蕴含着丰富的学习可能和情感体验，活动中随时可能生成新的有意义的学习资源，活动中充满选择、挑战和解决问题的过程。在发现问题、确定调查目标后，大家就开始探究活动内容和形式。面对胥江河有污染的现象，孩子们格外关注，从自己讨论解决方法到家长参与共商解决办法，从各抒己见到达成共识。

二、劳动基地再探索

孩子们在了解了胥江河的污染问题后，决定化身环保小卫士来帮助胥江河。河里的垃圾越来越多，那我们的环保小卫士可以怎么做呢？在调查分析过后，各班开展了形式多样的活动，如环境保护志愿者、爱护公物志愿者、垃圾分类小能手、做环保小卫士、卫生文明解说员等，最后形成环保倡议书，在家庭和园外讲解、宣传。

示例：

活动一：环境保护志愿者

诺诺：我们可以用网兜把河里的垃圾捞起来。

辰辰：我们可以坐在小船里面，拿着捞垃圾的工具把垃圾捞起来呀。

尤一：那我们也可以自己设计一些新型的工具来捕捞垃圾。

孩子们的想法都很不错。那就行动起来，设计出超级厉害的新型工具吧。

元宝：这是我设计的蜘蛛侠版捞垃圾达人。我给它设计了8条手臂，就像蜘蛛一样。但是我设计的手臂都是有特异功能的。只要把这个机器放到河里面，它的8条手臂就会自动识别周围的垃圾属于什么类别，然后就会把垃圾分类好，再运送到岸上，这样就省力多了。

小辰：我设计的这个工具和工地上面的吊塔一样。它主要是处理河里面很深的地方的垃圾，那种埋了很久很久的比较大块的垃圾。只要这边按这个蓝色的按钮，它的钩子就会伸到河里面，把这个大的垃圾钩起来，它的钩子上面的钢丝是可以无限放长的。

冉冉：我设计的工具长得像我家里的扫地机器人一样，圆圆的。但是又有点不一样就是，我家里的扫地机器人是扁扁的，但是我设计的这个是像一个球体一样的，肚子中间是鼓起来的。它的这个肚子底部可以打开，我给它设计了一个舱门，舱门里面有锯齿状的牙齿，它通过牙齿旋转，可以把河里面的生活垃圾压碎。

桐桐：我设计的这个和别的小朋友设计的有点不一样。我的这个机器是一直要放在河里的，所以我给设计成了一盏路灯的样子。一个是它要插在河里，像路灯的话比较好看，还有最重要的一点是，它可以欺骗人。

地球是我们宝贵的家园，爱护地球就是爱护我们自己，我们是环保小卫士。

从孩子们的交谈和前书写中，我们发现他们对周边河流环境的变化产生巨大的兴趣，河流里面的垃圾的处理格外引起孩子们的注意和好奇。但是他们对处理河流垃圾了解得比较粗浅，实践性不高。因此我们结合大班幼儿的年龄特点，通过一系列的活动萌发幼儿探索环保的欲望，树立正确的环保意识，从而养成良好习惯，是很有价值的教育契机。

活动二：垃圾分类小能手

孩子们对垃圾分类产生了浓厚的兴趣。垃圾之所以是“垃圾”，仅仅只是因为它没有放在正确的地方。那垃圾应该如何分类呢？于是他们决定先来认识一下垃圾分类标志。

孩子们一起寻找垃圾分类标志，自己绘画垃圾分类标志，在认识绘画“可回收物”“有害垃圾”“厨余垃圾”“其他垃圾”标志时能培养观察、分析、比较、分类等能力。还能联系实际生活，学会垃圾分类。

给垃圾分类后，孩子们收集了很多的可回收物，那么可以怎么利用呢？于是，他们开展了“变废为宝展览会”，让他们更加懂得“垃圾分类”的意义，变废为宝，树立环保意识。同时还能锻炼幼儿的动手操作能力，体验制作的乐趣。活动中幼儿认识了垃圾分类标志，知道了如何进行垃圾分类，增强了环保意识和环保技能，也懂得垃圾分类回收有利于实现垃圾资源化。

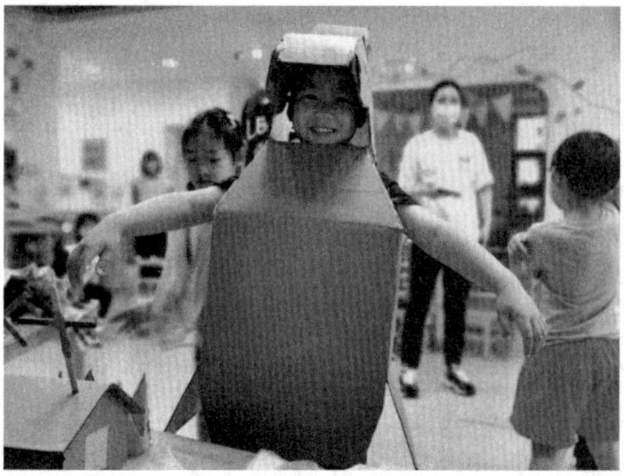

活动三：卫生文明解说员

可是只有我们自己了解垃圾分类是不够的，怎样才能让大家一起做好垃圾分

类，更好地保护胥江河的环境呢？一起来制作一些宣传画报让更多的人知道吧！垃圾分类，人人有责。在绘画宣传海报时，幼儿大胆想象，以自己独特的方式表现内心的想法。随后孩子们纷纷化身成为小小解说员，向家长们宣传垃圾分类的好处，呼吁家长们参与垃圾分类，保护母亲河，保护地球。

围绕胥江欢乐广场，我们也进行了多次外出活动。孩子们在教师的帮助下，围绕文明城市建设宣传、环保宣传、保护胥虹桥的宣传、弘扬伍子胥传统文化、安全徒步故事活动等主题，录制视频，制作成二维码，张贴到胥江河两旁的健身步道和胥江欢乐广场上，提醒散步的人们不乱扔垃圾。孩子们把资料交给了镇政府文卫办，后来他们奶声奶气的话语出现在了镇政府的微信公众号推文中，为文明典范城市创建贡献着小小的力量。

示例：

胥江河边的小小宣传员

当孩子们在春游中发现了胥江河环境污染的问题后，每个班的小朋友都想了很多办法来保护胥江河。怎么让更多的人一起来帮忙保护胥江河，让河水清澈干净，没有垃圾呢？

小汪：那很简单啊，我们只要在胥江河边上，看到有人乱扔垃圾就提醒他们。

妍妍：这个方法可以。我觉得很好，我以后每天吃完晚饭可以去帮忙。这个叫帮助别人的志愿者。

天天：疫情的时候也有。边上会有一个牌子，上面写着字，不认识的人就告诉他们，一直喊，嘴巴很累也很干。

晓晓：对呀，可以做海报，就是画一些图片贴在橱窗里。我们小区里有垃圾分类站，大家看一眼就明白了。小朋友都可以看懂哦！

教师：大家都想到了那么多好主意呀。我们再来想想看，有没有什么办法可以让大家明白乱扔垃圾的坏处。

小峰：这还不简单，讲故事就可以啊。每一个故事都有它的道理，我就听过好孩子不能乱扔垃圾的故事。

凯凯：那我们也可以讲故事，拍下来给他们看。

小刘：对！发个小视频，我爸爸会。

孩子们的讨论激起了无穷的兴趣。通过交谈，孩子们的语言表达能力和理解能力得到了很大程度的提升，想象力和思维能力也得到了提升。

这一周，孩子们录制了许多小故事，有音频，也有视频。

小汪：我爸爸已经发在抖音上了，很多人都点赞了呢！

花花：我爸爸妈妈发在家庭群里了，我的阿姨都夸我。

妍妍：妈妈发给她的同事们了，会有 20 个人看到哦！

小辣椒：我爸爸告诉我还可以做成二维码，把二维码分享出去，很多人都可以看到啦！我爸爸会，因为他的工作就是计算机方面的，他很厉害，我爸爸说可以帮助我们。

于是，我们跟小辣椒的爸爸取得了联系。小辣椒的爸爸十分愿意帮助我们，他把这些视频都转换成了二维码，并且给予我们一些操作上的指导。在胥口镇政府和胥江市镇管理办公室的支持下，我们在胥江欢乐广场成立了社群服务劳动实践基地，将这些打印好的二维码张贴在那儿。

在贴的过程中，遇到了一个婆婆带着小弟弟，小辣椒凑上前去说："阿婆啊，我们讲了故事，在这个二维码里，你可以拿手机扫一扫，就可以听到我们讲故事啦。这个故事很有用的，小弟弟可以学到本领哦！"

婆婆弯下腰，耐心地倾听着小辣椒手舞足蹈的讲解，笑着说："我不会用手机，晚上让小弟弟的爸爸来试试。"又来了一个阿姨带着孩子散步，她与小辣椒交谈着。就这样，我们身边围了越来越多的人，孩子们大方地与成人交谈。看着他们侃侃而谈的样子，我们很欣慰。

在与成人交谈的过程中，孩子们的社会性交往能力得到了很大的发展。不仅如此，他们的反应能力也有所发展。孩子们绽放的笑容是那么灿烂，他们的自信心也有所增强。

一场别开生面的"胥江故事汇"缓缓展开，有的孩子准备了可爱的手偶，有的准备了详细的图片，还有的用夸张的动作和热情的语言打动着听众们……在讨论、计划、行动等过程中，孩子们能够尝试自己寻找解决问题的方法。他们以自己最大的力量用"心"宣传，用多元的表征，宣传环保理念、文明行为等，他们的责任担当、环保意识、服务理念不断深化。

三、劳动基地新探索

美国实用主义教育家杜威曾提出"学校即社会"的教育思想，这给我们的启示是劳动教育也应在社会层面提出相应的实践要求。社会是劳动教育实践最多样化、最具考验、最富有创造性的教育场所，它在劳动教育的过程中发挥着重要的支持作用。幼儿园可以依靠开放的社会平台组织社群服务劳动，通过社群服务劳动基地的建立，开展适合不同年龄段幼儿参与的教育活动，提高劳动教育的安全性、互助性、高效性。

我园根据实际需要，在镇政府的支持下，先后与颐乐苑（敬老院）、子胥花苑（小区）、胥江欢乐广场（生活广场）、胥口环境卫生管理站、苏州莱恩精工合金股份有限公司进行了社群服务劳动实践基地授牌约定，主动与各行业基地高效协同，定期开展活动，实现资源共享，为社群服务劳动走向园外建立了桥梁。

第二节
结合节庆活动

结合节庆、节日等进行的活动也是社群服务劳动的实施途径之一，由幼儿发起的或幼儿与教师共同发起的探究活动，大多需要幼儿劳力又劳心。劳动不是被动的。只要有适宜的环境和条件，幼儿就可以开展自发的劳动，在此类劳动中幼儿往往有兴趣，并且能投入其中，能获得新的经验。除了依托基地进行定期活动外，还有很多活动可以与二十四节气、传统节日等结合，如：立夏时节开启农耕活动，体会播种的辛劳；春节期间开展“迎新年，送祝福”活动，给社区里的老人送祝福送温暖、陪他们过大年，感受传递祝福的快乐；在端午节开展走进胥王园活动，普及民俗知识；在重阳节看望敬老院的老人，为敬老院里的爷爷奶奶整理宿舍、打扫卫生、表演节目，开展敬老劳动志愿服务；暑假来临，采摘水梨、葡萄，给交警叔叔、环卫工人送清凉……虽然挑战性强，但幼儿能获得更加多样的劳动和游戏机会。

下面就以“迎新年，送祝福”活动为例，分享我们将社群服务劳动与节庆活动相结合的几点做法。临近新年，在“过年”这一话题中，幼儿感兴趣的事物和问题很多。中班的幼儿不但想说敢说喜欢说，还能大胆地用美术、语言、手工等方式表现自己的感受。他们自己动手制作关于春节的作品并用来装饰教室。大班的幼儿制作了新年年糕、新年贺卡、围巾、年画、窗花等，他们走进幼儿园附近的小区，用自己的方式传递新年祝福。

一、结合节庆，启动活动

在“迎新年，送祝福”活动中，我们分别以园部、年级组、班组为单位，进行了充分的准备活动。我园成立以园长为首的社群服务劳动课程安全领导小组，建立安全保障机制，首先，园长向镇政府领导汇报以及与物管会积极沟通，得到大力支持；然后与子胥花苑物管会取得联系，进行了前期咨询工作；接着园部进行了踩点和路线规划，确定具体的活动环节与项目；幼儿园保安和小区保安负责安保，保安队长通知小区居民参与活动等等。

活动开始阶段，园部将了解到的小区居民的户外活动场地和时间、小区老人的数量和喜好等信息汇总起来，设计活动流程；年级组汇总幼儿的个人信息、想法和经历，商议活动的地点、方式、流程等，确定具体的活动内容，形成胥口中心幼儿园大班组进社区"迎新年，送祝福"活动方案和活动策划表；各班进行班组讨论，确定班级内的活动内容，做好物质准备和经验准备。在这一环节里要对方案中进行哪些活动有一个明确、共同的认识。

教师引导幼儿通过讨论已有经验的方式做一些前期预备工作。幼儿与幼儿讨论、与教师讨论、与家长讨论，在教师的引导下确定切实可行的活动内容。达成一致意见后，就可以讨论接下来做什么。教师为幼儿建立一个共同的经验背景，让幼儿说一说对于新年送祝福的想法，随后围绕新年主题，各班根据幼儿的兴趣，形成初步的活动安排表，在活动进行过程中不断优化。

示例：

"迎新年，送祝福"活动安排表

活动内容	寓意	数量
美味的年糕	年糕又称"年年糕"，与"年年高"谐音，寓意着人们的工作和生活一年比一年好，来年生活得越来越好。通过活动，幼儿知道年糕不仅是一种节日美食，而且岁岁为人们带来新的希望	20份
新年贺卡	贺卡用于联络感情和互致问候。每逢新年，大家都要给自己的亲朋好友送上贺卡。一张贺卡、几句祝福足以温暖、感动人心。幼儿将自己的祝福隐藏在贺卡中，将新年的祝福传递给他人	40份
温暖的围巾	爱是阳光，让冬日不再寒冷；爱是丝线，联结起颗颗善心。小朋友准备送围巾给社区的爷爷奶奶，让他们能暖暖地过冬	20条
鼠年年画	中国年画是中国传统文化的一部分。在古代，人们在过年时会制作和张贴漂亮的年画。年画的内容丰富多彩，具有增添节日喜庆气氛的作用。鼠年的年画有"鼠到福来""鼠年吉祥""金鼠迎春"等。幼儿可以通过画年画的方式感受鼠年年画的吉祥寓意，同时对新年的传统文化有进一步的了解	16幅
写"福"字	新年贴"福"字是中国民间由来已久的风俗。"福"字指福气、福运，寄托了人们对幸福生活的向往和对美好未来的祝愿，家家户户都要在屋门上、墙壁上、门楣上贴上大大小小的"福"字，更充分地表达出美好的向往和祝愿，让幼儿感受过年的风俗习惯和中华文化的博大精深	40份
写春联	春联，是雅俗共赏的独特文学形式，它历史悠久，应用广泛，是祖国文学遗产中的瑰宝。它是为了庆祝新春佳节所作的对联，其内容多表示对新年新岁的美好向往和祝福。孩子们在学写春联的过程中也更进一步体会到中华传统文化，感受传统节日带来的喜悦	40副

续表

活动内容	寓意	数量
剪“春”字和窗花	剪“春”字,是结合季节特征和剪纸艺术的一个活动,寓意是“春到了”。剪窗花是我国的传统艺术,在春节期间贴窗花,寄托着辞旧迎新、接福纳祥的愿望。窗花以其特有的概括和夸张手法将节日装点得红火富丽、喜气洋洋	30个

二、结合兴趣,探究活动

(一)前期准备工作

确定了做什么,还要考虑怎么做。这也意味着进入了第二阶段。在活动进行过程中,幼儿可能开展各种各样的活动,教师应致力于增强幼儿追求足智多谋、独立、富于想象力、专心致志、善于合作的意向。选择什么时候提供资源,与该活动是否适应幼儿参与且能充分吸引他们的兴趣一样重要,把握时机对于保持工作的动力和深度很重要。

爷爷奶奶喜欢什么样的新年礼物?怎么包装更好看?在实践过程中,幼儿提出了很多的困惑。为了提供更贴心的“服务”,幼儿在制作新年年糕、围巾、年画等礼物时还精心设计了外包装,在贺卡、对联等设计中加入了爷爷奶奶们喜欢的祝福语。

示例:

“迎新年,送祝福”活动案例

1. 美味的年糕

(1)为什么过年时要吃年糕呢?

据说最早年糕是为年夜祭神、岁朝供祖所用,后来才成为春节食品。年糕有红、黄、白三色,象征金银,寄寓新年发财的意思。年糕又称“年年糕”,与“年年高”谐音,寓意着人们的工作和生活一年比一年好,来年生活得越来越好。原来年糕不仅是一种节日美食,而且能为人们带来新的希望呢!

(2)怎样做年糕?

做年糕需要准备什么材料呢?该怎么做呢?于是,我们开展了一次谈话活动。瑶瑶说:“应该需要面粉吧!”希希却不这么觉得:“不对不对!年糕吃起来糯糯的、黏黏的,一定需要糯米粉,就跟上次做桂花糕一样!”“还需要热水!”“还需要糖,这样吃起来才会甜甜的!”孩子们你一言我一语地讨论着……

可到底该怎么做呢?孩子们一致决定用调查表的方式,回家和爸爸妈妈一起搜集做年糕的相关资料。

（3）自己动手制作年糕

我们来到美食屋，一切准备工作就绪，开始制作年糕啦！孩子们先将黏米和糯米粉搅拌均匀，加水混合后，倒入抹了油的盘子里，开水蒸30分钟。接着，把蒸好的面团用拳头使劲捣，边捣边不断翻面。瞧，他们一个个捣得多卖力呀！终于捣得能用手拉成薄膜了，孩子们兴奋地把面团搓成一个个长条，搓搓捏捏，像是在玩橡皮泥游戏，真有趣！最后，包上保鲜膜放到冰箱冷藏就大功告成啦！

（4）设计不一样的年糕包装袋

年糕做好了，可是我们该拿什么装年糕呢？“我们可以给年糕做个包装袋！”“马上要过年啦，我们可以用红色的纸做！”有孩子提出了一个很棒的建议。

说做就做，孩子们认认真真地将红纸折出了一个个方方正正的袋子。可是红袋子上什么图案都没有，光秃秃的，一点都不好看。“我们一起来装饰一下吧！”说着孩子们便动手装饰起来，红红的袋子上一下子就画满了孩子们对爷爷奶奶的祝福和想说的话：希望爷爷奶奶开开心心，每天都笑一笑；爷爷奶奶我爱你们，送给你们爱心和鲜花；爷爷奶奶，过年了，我们一起贴福字、挂灯笼、贴对联，一起放鞭炮吧……

孩子们迫不及待地将之前做好的年糕放到自己精心设计的包装袋里，小心翼翼地包装好。孩子们的脸上洋溢着开心的笑容。放心吧，孩子们，爷爷奶奶一定能够听到你们的祝福的。

2. 新年贺卡

贺卡可以用于联络感情和互致问候。每逢新年，大家都要给自己的亲朋好友送上贺卡。一张贺卡、几句祝福，足以温暖、感动人心。小朋友将自己的祝福隐藏在贺卡中，将新年的祝福传递给他人。

（1）制作鼠年贺卡

在制作新年贺卡前，孩子们在交流中了解了贺卡一般用于联络感情和互致问候。新年贺卡可以设计成什么样式的呢？孩子们纷纷讲述了自己的想法：“可以在上面画一幅好看的画。”“可以画一些小朋友在过新年。”“我觉得可以画小老鼠，因为明年是老鼠年。”经过投票，大家决定将贺卡的封面设计成小老鼠的图

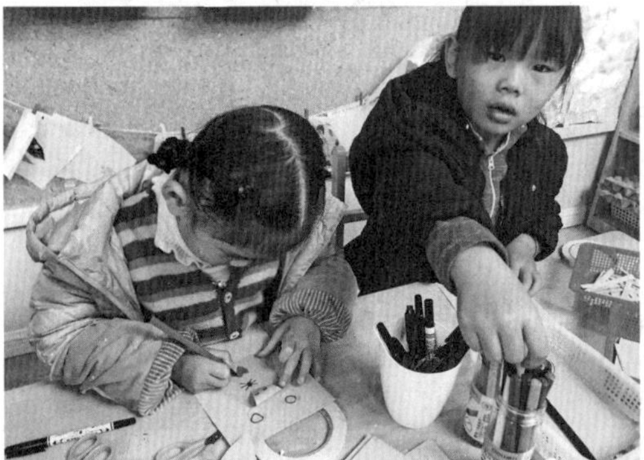

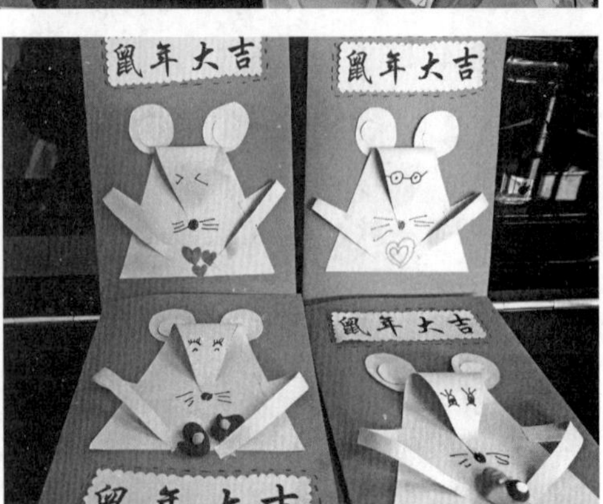

案，并在旁边配上相关的祝福语。

材料准备好了，小朋友们自己动手操作起来，用剪贴的方法制作了贺卡的封面，一只可爱生动的小老鼠呈现了出来。这份轻轻的贺卡承载了我们浓浓的心意，祝愿爷爷奶奶们新春快乐，身体健康。

（2）绘画自己的新年祝福

贺卡制作好了，里面应该写一些祝福语，“我们不会写字怎么办？”孩子们疑惑地问道。

棋棋：我们可以把这些祝福画出来。

涵涵：可以画我们过年时候发生的故事。

茜茜：可以画一些烟花，肯定很漂亮。

骐骐：可以画个爷爷，画个奶奶，我和他们一起玩游戏，他们很开心很开心。

萱萱：可以画爷爷奶奶在跳广场舞，他们身体很好，很幸福。

讨论过后，孩子们就拿起画笔把自己对爷爷奶奶的美好祝愿画了下来。

3. 温暖的围巾

爱是阳光，让冬日不再寒冷；爱是丝线，联结起颗颗善心。小朋友还想到送围巾给社区的爷爷奶奶，让他们围上软软的围巾，暖暖地过冬。

（1）爷爷奶奶最喜欢的围巾

晨间谈话时，孩子们一起进行了关于“围巾”的讨论。

乐乐：我的围巾是用毛线织的，很暖和。

涵涵：我的围巾是真丝的，滑滑的。

奕奕：你看，我的围巾上面是小兔子图案。

爷爷奶奶喜欢什么样的呢？

欢欢：肯定喜欢爱心图案的围巾。

甜甜：我奶奶最喜欢红色，所以她喜欢红色的围巾。

（2）一起编织温暖的围巾

孩子们开始了解编织围巾的简单方法：

准备一个鞋盒，在鞋盒上剪缺口。在距离一条棱边2厘米的地方剪一刀，长度2厘米，然后间隔2厘米再剪一刀，将剪出的矩形外翻，剪断。然后每间隔2厘米左右都剪一个这样的缺口。完成后，就得到一个像齿轮形状的编织工具。毛线起头，用透明胶带将毛线的一端粘在纸盒上，然后将毛线从内到外绕到齿轮上，这样逆时针绕一圈进行编织。将毛线留在齿轮外，从线的上方拉过，将下面的线环越过上面的线，套在齿轮内侧，这样一直重复操作，直至编织到合适的长度，收线。把一开始预留的线头，从其所在齿轮处由下往上穿，穿完一个就可以把这个齿轮上的毛线拿下来，直到所有齿轮上的毛线都穿完。一条围巾就编织好了。

了解了围巾的编织方法，孩子们开始踊跃尝试。瞧！孩子们专心致志的样子，一定会编织出一条暖和又漂亮的围巾的。

4. 鼠年年画

（1）年画的寓意

年画是中国传统文化的一部分。在古代，人们在过年时会制作和张贴漂亮的年画。年画的内容丰富多彩，起到增添节日喜庆气氛的作用。鼠年的年画有“鼠到福来”“鼠年吉祥”“金鼠迎春”等，幼儿可以通过画年画的方式感受鼠年的吉祥寓意，同时对新年的传统文化有进一步的了解。

（2）一起来画年画

怎么画年画呢？需要准备什么材料呢？原来一只勾线笔和红色的彩纸就可以啦。明年是鼠年，我们当然要画鼠年年画啦。瞧，有的小老鼠在拱手拜年，有的小老鼠笑着对爷爷奶奶说鼠年大吉，还有的小老鼠在说吉祥如意呢……各种各样的年画在说着不同的祝福话，可真有趣，爷爷奶奶一定会喜欢的！

5. 写“福”字

新年贴“福”字是中国民间由来已久的风俗。“福”字指福气、福运，寄托了人们对幸福生活和美好未来的向往，家家户户都要在屋门上、墙壁上、门楣上贴上大大小小的“福”字。为了更充分地表达这种向往和祝愿，有的人干脆将“福”字倒过来贴，表示幸福已到、福气已到。孩子们也想用自己的方式写“福”字，互送祝福。

（1）认识文房四宝

纯味中国年怎么能少了自己写福字呢？红纸、毛笔、墨汁和砚台，一样也不能少。笔墨纸砚在一起有一个很好听的名字，叫文房四宝，它是中国人发明的。我们一起来了解一下什么是文房四宝。毛笔上的毛是用动物的毛做成的，有兔毛、狼毛、羊毛等，笔杆是用竹子做成的；宣纸和普通的画纸不同，宣纸薄薄的、软软的、轻轻的，有很强的吸水性；墨是用黑黑的小棒在它的好朋友砚台上研磨，加上水，就能磨出黑黑的墨汁；砚台是用石头做的，用来研墨。最后就是学习毛笔的“握笔”方法，伸出小手，握住笔中间的地方。

（2）写“福”字

别样的毛笔，飘“香”的墨水。在教师的指导下，孩子们伸出小手，握住笔中间，专心致志地学写福字，沉浸在对新年的美好期待与祝福中。一个个或大或小、歪歪扭扭的福字传递着浓浓的年味。孩子们用稚嫩的小手写下新年的祝“福”！一幅幅满载祝福的福字陆续呈现在眼前，场面无比温馨欢喜。相信在孩子们的回忆里，这一定是最快乐、最热闹、最幸福的年！

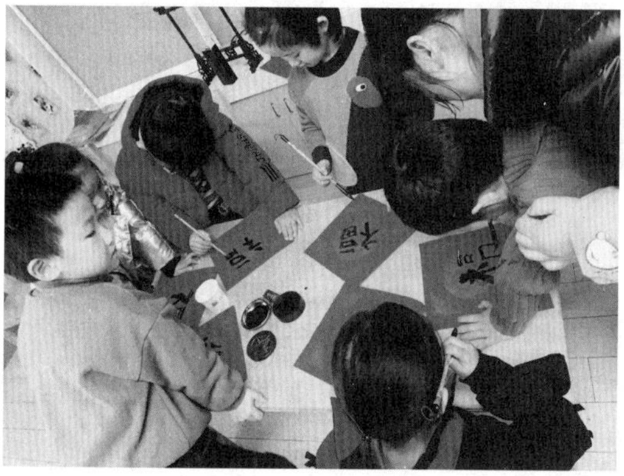

通过写福字迎春节，每个小朋友都体验了浓浓的年味，感受到节日的喜庆，增强了孩子们动手能力的同时，更带来了美好的祝愿。

6. 写春联

春联，是雅俗共赏的独特文学形式。它历史悠久，应用广泛，是中国文学遗产中的瑰宝。它是为了庆祝新春佳节所作的对联，其内容多表示对新年新岁的美好愿望和祝福。贴春联作为春节的传统习俗之一，能增添喜庆气氛，是我国人民十分喜爱的春节活动之一。新年伊始，家家户户都会往大门上贴一副春联。在爆竹声中，人们喜笑颜开地簇拥着，把春联贴到门框上或门心里。孩子们在学写春联中也更进一步体会到中华传统文化，感受到传统节日带来的喜悦。

（1）认识春联

春联，又称“春贴”“门对”“对联”，是过年时所贴的红色喜庆元素“年红”中的一个种类。它以对仗工整、简洁精巧的文字抒发美好愿望，是中国特有的文学形式，是中国人过年的重要习俗。我们带领孩子们先了解春联的寓意，然后欣赏各式各样的春联，感受春联的对仗和押韵的美。

（2）学写春联

大班的小朋友前书写能力较弱，所以一开始由教师指导着学习书写，从握笔到写字姿势，小朋友们一点点熟悉，同时还邀请了家长参与，进行亲子书写。最有诚意的春联当属小朋友们自己写的，他们熟悉了毛笔、纸墨之后，尝试自己书写，将字比作画，一笔一画，画出了自己的祝福。

7. 剪“春”字和窗花

（1）为什么要剪“春”字、剪窗花？

剪“春”字，是结合季节特征和剪纸艺术的一个活动，寓意是“春到了”。春，是一年四季之首，是万物生长的季节。人们用一个个“春”的挂饰，来保存春的美。剪窗花是我国的传统艺术。在春节期间贴窗花，寄托着辞旧迎新、接福纳祥的愿望。窗花以其特有的概括和夸张手法将吉事祥物、美好愿望表现得淋漓尽致，将节日装点得红红火火、喜气洋洋。

（2）如何剪窗花

我们在喜庆的节日里剪贴，既装点了环境，又营造了浓浓的热闹喜庆的氛围。然而现在的孩子已经很少接触这门艺术了。一听说要剪纸，孩子们一个个都非常开心，瞧，孩子们正在美劳区认真地剪纸呢！首先孩子们学习看懂步骤图，然后掌握“折—画—剪—贴”的方法，最后进行剪纸。看，由孩子们自己设计出来的窗花图案，可真漂亮呀！

（3）如何剪“春”字

学会剪窗花后，孩子们马上学剪“春”字：首先，将正方形纸沿对角线对折再沿正方形边线对折。打开后我们得到个“米”字形的折痕。再折成四分之一的正方形，将三角形向左边一折就成四个小三角形了。然后就能剪出半边春字了。用剪刀将画出的部分进行剪裁，注意手法，不要剪去其他部位，剪好后展开就是春字。在春字的顶部钻一个小孔，穿上绳子、串珠进行装饰。

在剪“春”字的过程中，有的小朋友一开始练习的时候剪坏了，但是并没有放弃，最后成功剪出“春”字的时候，特别开心。孩子们将“春”字提在手中，互相欣赏、互相介绍。

（二）实地开展活动

亲身体验能为幼儿提供新经验，帮助他们用各种有趣的方式思考问题、解决问题。这一阶段，他们学习自我评价，相信自己的判断，辨识自己不确定的事物，提出自己的问题，并且，当没有把握能成功时也敢于冒险尝试。在送祝福的过程中孩子们知道用有礼貌的方式向长辈表达自己的想法，主动问候、赠送礼物、展示表演等等。

示例：

“迎新年，送祝福”活动实录

围着温暖的红围巾，提着红灯笼，带着浓浓的祝福，大班组小朋友向着子胥花苑出发啦！

多才多艺的孩子们先是给爷爷奶奶带来了精彩的表演。一首大气磅礴的《中国功夫》，孩子们的动作大胆有力，展现了坚强勇敢自信的一面，也让爷爷奶奶感受到了中华武术的魅力；一首首充满浓浓年味的歌曲——《卷炮仗》《过新年》回荡在社区中，营造出热闹的过年氛围。

接下来就到了小朋友们期待已久的送祝福的环节了。福字、春联、年画、窗花、灯笼、年糕、贺卡和围巾，孩子们分头行动，亲手把精心准备的礼物送到了爷爷奶奶的手中。胥口中心小学工会主席郑老师也应邀前来为我们助阵，在现场为大家写春联送祝福。一声声“爷爷，鼠年大吉！”“奶奶，祝你新年快乐！”在社区中响起，孩子们心里开心，爷爷奶奶们也非常感动。幸福洋溢在暖暖的阳光里，沉浸在红红的世界中，迎接新年的到来。

“社区送祝福，真情暖人心”系列活动在一片欢声笑语中圆满结束，孩子们回园后也不忘和小伙伴们一起分享着送祝福的快乐，分享着迎新年的喜悦。

此次活动培养了幼儿尊老、敬老的传统美德，并使这一美德在孩子们心中深深地扎根、发芽。在制作礼物、包装礼物、赠送礼物的过程中，幼儿提升了审美能力、表现能力和创造能力，感受到了创造的快乐与劳动的辛苦，获得了最直接、最真实的体验。同时，也在劳动中收获了自信和满足。

亲自经历是让幼儿更好地将学和做打成一片。回到班级后，大家回忆了活动中的许多细节，表演中的相互配合，赠送礼物后的开心与满足……并越来越详尽地用新学的知识来表述它们。幼儿在动手操作、动脑思考、用心感受的过程中去体验，去反思，树立正确的劳动价值观、人生价值观。

三、结合实践，结束活动

幼儿走进社区关爱老人，萌发了爱老、敬老的意识，温暖了社区老人的心。幼儿通过前期策划、制作礼物、学习劳动技能、表演节目，为老人带去温暖，传承了中华传统美德。幼儿将迎新年的活动拓展为走出幼儿园进入社区的活动，充满了新的挑战，也意味着会获得满满的新经验。涉及园外的活动安全性低一些，这就要求教师提前规划整个活动路线。我们采用了踩点观察—路线选择—活动策划—人员分工—活动实施—活动反馈，这样的活动实施路径，确保在每一个环节都有专人负责安全，把不安全因素提前排查出来，使活动安全开展。这类活动的开展需要多方支持才能顺利完成，本次“迎新年，送祝福”活动，就是依靠多方合作而顺利开展的。

当一个活动即将结束时，我们要及时反馈与反思。教师和幼儿可以一起回忆活动中特别难以忘怀的时刻或者事件，梳理幼儿在这一段时间里所获得的技能与收获，以文稿、视频、照片集等形式一起制作活动的档案，这些档案记录了活动中发生的充满活力与高度参与的学习实践。这些活动可以使幼儿更加充分地认识到自己能力的提高，体验劳动的快乐，帮助他们更加自信地迎接新的挑战。幼儿丰富课程体验的过程，即幼儿个体不断生长的过程。幼儿园社群服务劳动课程，能满足不同幼儿的兴趣，能帮助幼儿实现独特的精彩绽放。

第三节
根据需要生成

《纲要》中提到，幼儿“对周围的事物、现象感兴趣，有好奇心和求知欲”。其实，幼儿对身边事物的探索往往都是基于好奇。幼儿的特点决定了劳动教育的生活性，幼儿的认知特点和学习特点决定了劳动教育与幼儿生活关联越大、距离越近，就越能够引发幼儿的兴趣，幼儿在劳动过程中的学习就越有效。幼儿对新鲜事物的热情比较高涨，为此社群服务劳动应该根据幼儿的实际需要生成，在重复的劳动活动中增添新的内容。

大班幼儿动手能力较强，他们会主动帮助他人改造游戏环境，解决弟弟妹妹“求助”的问题，如“造小路”“山洞修补”“给小鸭造新家”等。我们在回顾中，发现很多活动都是根据幼儿需要展开的，大部分活动都在园内进行。幼儿能够获得计划的经验、合作的经验、数学与科学认知的经验、艺术的经验等多领域综合性的经验。基于此，本章节以大班“山洞修补”活动为例，分析幼儿经由此案例中的劳动活动实践获得的经验，并提出适宜性的指导策略。

一、发现问题，确定内容

示例：

山洞怎么了

阳春三月，初春之后终有暮寒，接连下了好多天的小雨，孩子们已经很久没有去户外了。好不容易天晴了，我带着这群久未出笼的“鸟儿们”来到户外活动。逛逛百鸟园，看看树木抽出的新嫩芽；看看百耕园里迎春的花儿。路过小山坡时，我们听到小班弟弟妹妹围着山洞在讨论：“啊，小山洞还是不能玩啊。”他们七嘴八舌地讨论着，主角就是幼儿园小山坡上的山洞。山洞有四个洞口，均可以通向小山的内部。孩子们喜欢从洞口走进去，再从另外一个洞口跑出来，仿佛在时空隧道穿梭。可是现在的小山坡发生了什么事呢？

孩子们也很好奇，准备一起去探索一番。“地上有个‘禁止入内’的牌子。”眼尖的洋阳最先发现。子睿绕到后面的山洞出口，也有新发现，他大喊着：“后面这个洞口都长草了，看样子已经很久没有人经过了。”

“老师，我还发现山洞中间有好多积水啊。”“这个小山洞真是年久失修。”乐乐作为班里读书很多的孩子，他说出了大家所有的发现。小山洞确实已经年久失修，杂草丛生了。那么我们喜欢玩的小山洞为什么“禁止使用”了呢？孩子们围着小山坡上上下下地观察起来，有了很多发现。

“老师，我发现这里有毒蘑菇，碰到毒蘑菇是会死人的。”

“砖头！哪里来的砖头？”

“我知道，是这里掉下来的，这个缝隙这边。”

我们跟着睿睿的声音走过去，发现一个小山洞的洞口处掉下来很多石头，他把石头捡起来比了比，放进一个缝隙中，完美契合。

孩子们七嘴八舌地讨论起来。“就是这里坏了。”“这里的水泥没有了。”“这里，这里，这里都松动了，容易塌下去。”“对呀，太危险了，会砸到脑袋。”

那根本原因会不会是水泥脱落呢？我让孩子们到每个洞口都去看一看。果然，每个洞口处都有掉落下来的大大小小的石块，看来我们猜想得没错。由于水泥脱落，小山洞会塌下去，十分危险，所以有人制作了警示牌，不让我们进去玩耍；又因为好久没有小朋友进入，所以小山洞里积满了水，洞口还长出了毒蘑菇。所有的线索都被串联起来了，孩子们开心极了。那么怎样才能把小山洞修好，继续来到这里玩呢？

二、分析现状，制订计划

在分析现状的基础上，要针对如何完成工程制订可行的计划。活动计划是工程活动的重要步骤之一，它决定了活动的探索方式和过程。在活动之前，幼儿提出了很多材料，部分幼儿就打算直接投入制作。教师意识到幼儿需要做一个计划，于是组织幼儿开启了关于“先做什么”“什么更合适”的讨论，鼓励他们依次阐明自己的想法，并说明理由。幼儿在修补山洞前进行了相应的设计，经历了前期调查、计划分工、发现问题、寻找工具与材料、更换材料、完善计划等几个步骤。

教师要让幼儿有充足的时间和空间进行思考和行动。如在选择修补材料阶段，幼儿调动生活经验，使用双面胶、固体胶、轻黏土等材料，尽管可以预见材料选用得不成功，但教师依旧给予幼儿充足的时间进行尝试和探索，让幼儿在实操中对材料的特性和优缺点有了更全面的了解，从而选择更适宜的材料进行制作。教师通过引导、辅助、支持的方式配合幼儿，使幼儿在活动中自主探索、发现，在合作交流中相互启示，在师生讨论中相互碰撞，形成共识，从而激发他们的创新欲望和需求，形成良好的劳动探究习惯。

示例：

活动一：山洞诊断书

回到教室，幼儿进行分享，随后开始梳理问题，记录想法。经过讨论，我们总结了以下三个问题：① 小山洞的石块掉落，洞口容易塌陷。② 山坡杂草丛生，环境很差。③ 很多小朋友都去小山洞玩，踩来踩去，易把山洞踩坏。

如果想继续在小山洞玩，第一步就是将它修整好，那么怎样才能将破损的山洞修补好呢？孩子们讨论并分析方法的可行性，最后决定先修补山洞门口的石块，然后打扫山洞管道，最后向中班、小班的弟弟妹妹宣传爱护小山洞的方法，大家可以排出游戏时间表分批游戏。

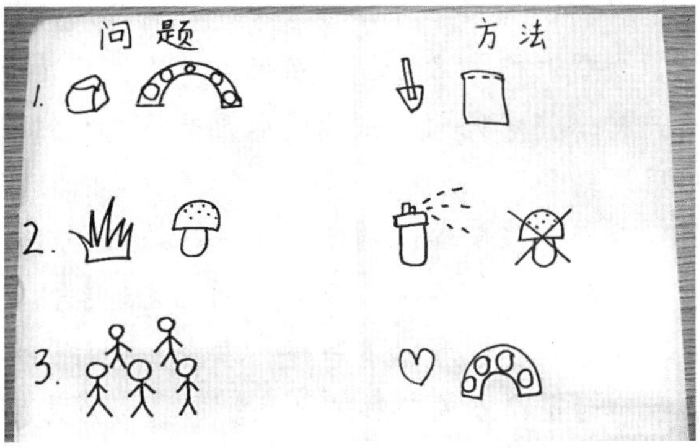

活动二：山洞修补调查与计划

修整山洞需要哪些材料呢？多多首先想到的就是双面胶、固体胶、轻黏土等材料，但是尝试后发现并不能很好地粘住石头。还有其他合适的材料吗？凡凡想到了

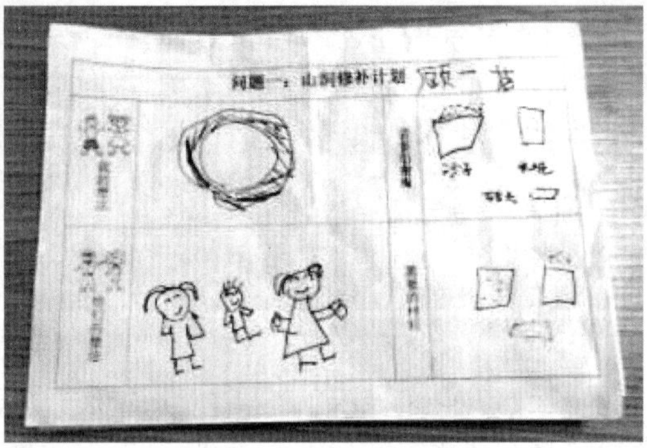

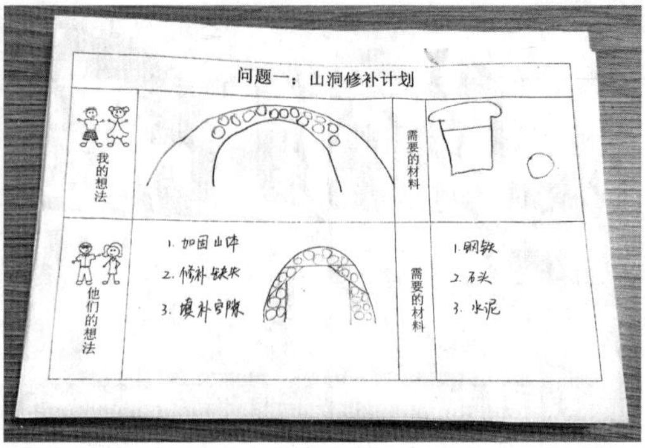

砌墙的方式，在山洞外面围上一圈厚厚的保护墙，要买沙子、水泥、砖头等材料。凡凡爸爸的想法是用钢筋加固，用水泥封层。铖铖想把碎石头都粘回去，他想到了我们经常用的胶水，就计划买满满一桶胶水。铖铖的爸爸提出用水泥、石头、钢铁等材料。玲玲说可以用一种黏黏的泥土，把碎石粘上去，需要买一些黏黏的泥土。

孩子们各有各的奇思妙想，我们决定统计一下大家的解决方法。小组长分别担任记录员、唱票员和监督员，采用记录新想法、合并重复想法的原则进行统计。孩子们的想法共有四种，我帮他们把名称标记在记录单上。但是爸爸妈妈的想法有七种，几乎每种都含有一种叫“水泥”的东西。水泥是什么？它有什么用？它是怎么制作出来的？生活中用得到吗？

轶轶认为“水泥”的原理很简单，就像水放进冰箱里会变成冰，水泥也是同样的道理，放在外面就会“凝固”。杰杰很赞同，他补充道：“凝固就是冻住了，变得很硬。”成成却反驳说：“水泥和冰不一样，冰会融化掉，水泥不会，水泥一直都很牢固。”经过初步的讨论，我们了解了水泥能够凝固的特质。

那么在生活中水泥又有什么作用呢？辰睿说：“水泥就是用来修补房子的。”安晴也补充道：“我家里正在盖房子，就用到水泥了，水泥就是灰色的泥。”“水泥就是砖头中间要涂一层，砖头才能凝固在一起，然后再涂一层，干了再刷上颜料。”欣欣说得很详细，“而且水泥比胶水要结实，一天就凝固了。”轶轶说：“水泥不只可以粘砖头，还可以修地板、修马路、修窗户。”轶轶刚说完，孩子们突然想到上学期幼儿园新盖好的升旗台，也是用水泥铺设的。原来水泥在生活中随处可见，用处也很多。

看来要想把山洞修补好，水泥是不可或缺的材料。那么水泥是怎样制作出来的呢？“用石头和水！”睿睿抢答道，“还要去海滩上挖一点沙子。”他们七嘴八舌地讨论起来。“可是沙子是干的。”“水泥是黑色的泥，把黑色的泥土和水混合在一起就可以了。”“水泥是搅拌水泥车里做出来的。”“水泥是用沙子和水做出来的，我做过。”“把灰色的沙子、泥土和水放在一个桶里面，搅搅搅，就做出来了，因此水泥是灰色的。”

我们一起查询了资料，观看了视频，了解到水泥俗称洋灰、英泥，是用于土木工程上的胶结性材料的总称，可分为水硬性水泥与非水硬性水泥，是当今世界上最重要的建筑材料之一。生活中自制水泥要用沙子、水和水泥粉。于是我们开始了向家长征集材料的漫长收集过程。

可是孩子们带来的材料各种各样，有些水泥是一块一块的混凝土碎块，有些水泥是需要混合细沙的，有些需要混合粗沙，而有些只需要和水调配成适当比例就可以直接使用。这就给我们接下来的活动带来两个困难：第一是水泥粉种类不明确，无法确定是否加沙，也不知道水和沙混合的比例；第二是孩子们带来的水泥所用的水泥粉种类不明确，水和沙的配比不明确，所以无法混合使用。

我们在年级组教研活动中把两个困难提出来，得到两种解决方案。第一种是让孩子自己自由尝试混合，使用任意种类水泥，任意比例混合水和沙，试验一次记录一次，寻找成功的配比方法。然而实验中有三个变量，即水泥粉种类、沙子的量、水的量，变量不可控，全凭孩子的不断尝试和反复操作，他们需要不断试误，可能会需要较长一段时间，山洞修补的日期可能需要继续延后，但是能够充分探索水泥的性质，感受不同种类的水泥特性。第二种是给全班小朋友提供同一种水泥粉和同一种沙若干，每个组利用同种材料尝试不同的配比，记录三种材料所占比例，调配出合适的水泥，再进行修补。在年级组老师的讨论下，我们决定为孩子提供正确的配方，从而在保证安全的前提下，提高修补山洞的成功率。

我们在科学区新增了水泥调配区，将水泥粉、沙子、水等原料和手套、护目镜、罩衫等保护工具投放至科学区，孩子们可以根据配方，通过电子秤称量、按比例加原料、搅拌、涂抹晾干的实验过程，感受水泥调配的乐趣。

三、实施计划，完善内容

考虑到幼儿的年龄特点和现有水平，教师不宜过于严苛地看待幼儿的活动计划，可放手让幼儿在实践操作中发现问题，对劳动计划进行修订和完善，并再次验证，以此获得直接经验。幼儿在制订计划后进行了多次实验，尽管看上去是走了一段弯路，但幼儿通过实验认识了工具和材料的物理特性，并有了亲自使用的操作经验，在这种反复的实验和猜测中实现了认知的突破。

示例：

修补山洞开工啦

（一）初次尝试

第一次操作总是充满了未知，对于水泥这种有些腐蚀性的粉状材料，我们老师还是有些担心和不安的。因此我们请了保育员阿姨作为“特邀专家”，为孩子们做示范。看阿姨按照比例添加原料，用长柄铁铲反复搅拌，适时适量加水……孩子们兴趣盎然，学得有模有样，在阿姨的指导下，我们进行了第一次和水泥补山洞的行动。

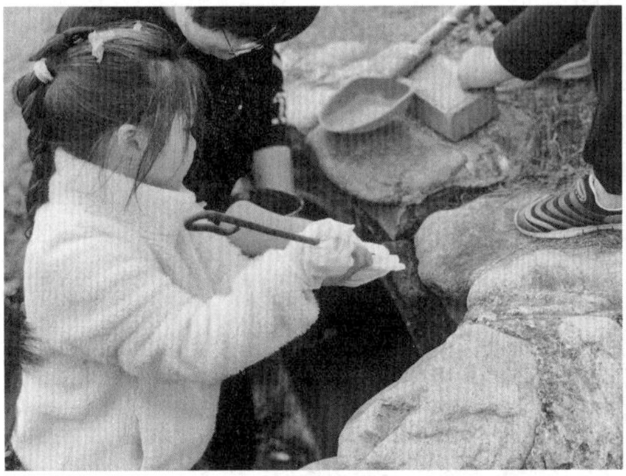

第一个洞口修补好啦！过了几天，我们再来看山洞，发现新补上的地方已经全部干透，湿乎乎黑黢黢的水泥也变得坚硬无比，可是眼尖的孩子们似乎有了新发现。

安捷：这里有一条裂缝，水泥还没有干吗？

宇成：水泥已经变色了，变色了就说明干了。

漠凡：但是旁边的地方都有鹅卵石，我们第一次涂水泥没有放石头啊。

子轶：我知道了，一定是没有石头挡住，水泥就流下去了，这里就有缝隙了。

看来我们第一次的尝试没有用鹅卵石加固，所以水泥凝固后产生了缝隙，那就让孩子们再来尝试看看吧。

（二）再次尝试

这次孩子们自主分工，分别加入搬运组、搅拌组、修补组，制作了工牌和施工警示牌。

第二次全靠他们自己动手，运沙倒水和泥涂抹，这次没有忘记塞入鹅卵石加固，来看看孩子们的作品吧。

悦悦：以前我看爷爷和水泥觉着好脏啊，没想到还挺好玩。

瑶瑶：我还想和水泥，和水泥像和面一样好玩。

洋阳：我知道我知道，面加了水以后也会变得很黏，也可以用来糊山洞吧？我猜的。

锦杰：当然不可以，面是面，水泥是水泥，当然不一样。

孩子们七嘴八舌地谈论起来："面也可以是黏黏的，像水泥一样。""但是面干了以后会裂开，一点都不结实。"没错，和水泥差不多的材料好像有挺多，有面、有黏土、有橡皮泥等，这些物质混合水以后，都会变得黏黏的，很粘手，但是并不是所有黏黏的材料都能用来修补山洞。那么什么材料还可以用来修补山洞呢？在没有水泥的年代里，人们用什么来粘连物体？古代的高楼庭院又是怎样修缮的呢？小小山洞带来越来越多的思考与讨论。

教师的思考与支持：也许在我们的印象中，和水泥、修山洞这类劳动离孩子们的生活很远，但生活即教育，劳动即课程，幼儿园中的一切都和孩子们息息相关，环境处处皆教育。最好的学习莫过于“经历过”，一次允许便是一次成长。“修补山洞”是孩子们积极劳动、体验活动的一个缩影，和水泥、运沙子、倒水，忙得小脸红彤彤。教师尽最大的可能去支持和满足他们通过直接感知、实际操作、亲身体验获取生活经验，让孩子们在劳动的过程中学会思考、学会感恩、学会生活。

四、展示成果，交流经验

从一开始对“怎么帮助弟弟妹妹修补山洞”进行协商讨论，到修补过程中的深入实践，幼儿在实际劳动中不断调整材料、修改计划，最后完成工程，他们的能力都有了很大的提升。最后展示项目成果应突出以幼儿为中心的理念，激发他们劳动的创造性，引导幼儿自己决定劳动成果展示的类型和内容。

示例：

活动一：山洞大扫除

四个洞口都被我们修好了。看着自己的作品，孩子们欢呼雀跃，围着小山坡跑上跑下。但是细心的苗苗发现山洞太久不玩了，里面脏脏的，有很多泥土和小草。她提议先给山洞大扫除，再邀请弟弟妹妹来玩。

孩子们带上扫把、擦布，又一次来到了山洞，自由分组后就开始劳动了，拔掉杂草、清除毒蘑菇，忙得不亦乐乎。一会儿工夫，孩子们把山洞打扫得干干净净。

活动二：山洞宣传册

山洞修补计划接近尾声，我们的劳动成果不能止于班级内，应将“保护山洞，人人有责”的想法宣传出去，分享给更多的孩子，那么怎样进行宣传呢？

舒妍：我见过那种火锅店的宣传单，我们也可以做成那种宣传单，然后发给他们。

鸿鸿：可以放学的时候发给隔壁班级。

宇航：最重要的是要让中班和小班的弟弟妹妹知道。

我们欣赏了很多种宣传海报，保护环境类、节约资源类、垃圾分类类等，孩子们发现宣传海报上不但有好看的图片，还有主题文字，从而更直观地反映出要宣传的主题。孩子们结合图片，给小班和中班的弟弟妹妹们讲述了我们和水泥修山洞的过程，还向弟弟妹妹们发放了保护山洞的宣传海报。

“弟弟，你不要在山洞洞口那里用力跳哦，因为那里有我们刚修好的水泥。”

“妹妹，玩的时候要排好队，不能所有人都冲上来冲下去地跑。”

“小班小朋友们，你们要爱护山洞哦，这是我们辛辛苦苦修好的。”

弟弟妹妹听哥哥姐姐们绘声绘色地讲着修补山洞的过程、保护山洞的方法，大手拉小手，认真地讨论着山洞的问题。在服务大家的过程中，孩子们感受劳动、服务、共享，收获成长和喜悦。在孩子们的共同努力下，山洞终于变成了最初的模样，变得更坚固、更整洁。这样，所有的小朋友又可以放心地玩了。

对于幼儿而言，一个简单的修补活动，他们可能需要经过无数次改进才能成功。在这个过程中，教师以促进者、引导者、观察者的身份协助幼儿，当幼儿面临失败时，教师应通过一些提示让幼儿学会新的技能，解决问题，改良制作物，再投入测试。教师应鼓励幼儿合理利用协作的机会，特别是同伴之间的讨论和交流尤其重要。另外，除了要关注幼儿提出的问题之外，教师还需要创设真实的问题情境，以此构建幼儿感兴趣的、有探究欲望的情境。教师可以引导幼儿利用各种技术开展工程制作，如案例中为了了解修补山洞的方法，尝试寻找与之相关的工具书，利用网络资讯这种更便捷的技术查阅相关的建构技术，除此之外还可以利用家长资源进行信息调查。

在“修补山洞”案例中，我们发现幼儿愿意参与幼儿园的事务管理、维护园内环境卫生，主动承担修补、清扫、讲解等工作，强化了责任意识，体会到劳动光荣，初步养成热爱劳动、热爱生活的态度。幼儿园社群服务劳动课程充分发挥了幼儿的主体作用，用劳动美化环境，用双手创造美好生活。

第五章

社群服务劳动的多主体成长

无论是班务劳动还是园务劳动、家务劳动和公益劳动，它们都具有具身性。所以社群服务劳动是以行动为基础的，在付出体力劳动时，达到服务自己和他人的目的。众所周知，幼儿的学习是以直接经验为基础，在游戏和日常生活中进行的。劳动也是一种游戏，劳动、做事是幼儿学习的重要方式。所以幼儿劳动的体验是主动的、积极愉悦的。在劳动的过程中，幼儿的已有经验、兴趣、能力、学习风格等个人特征能够通过行为以及劳动的过程和结果得以外显。幼儿的劳动无功利目的，它的内在价值远远大于其外在价值。

随着幼儿社会交往能力和范围的扩大，社群服务劳动逐步展开。劳动内容需要扎根当地，立足于儿童的现状，以使其具有真正的意义和影响；需要幼儿园、家庭和社区成员共同关注和共同参与，光靠幼儿园“单打独斗”去完成是不可能的。社群服务劳动为幼儿、教师、家长和社区人员搭建了共同学习与成长的平台。通过劳动，教师之间、师幼之间、亲子之间、教师与家长之间等在交流和反思中相互影响、共同成长。他们作为共同体而相依相存。

第一节
劳动促进幼儿的成长

《意见》要求“把劳动教育纳入人才培养全过程，贯穿大中小学各学段，贯穿家庭、学校、社会各方面，与德育、智育、体育、美育相融合”。新时代的劳动教育立足人的整体发展，要求幼儿在动手实践、出力流汗、接受锻炼、磨炼意志的过程中，理解和形成马克思主义劳动观，树立劳动最光荣、劳动最崇高、劳动最伟大、劳动最美丽的观念，体会劳动创造美好，认知劳动不分贵贱，热爱劳动，尊重普通劳动者，培养勤俭、奋斗、创新、奉献的劳动精神，具备满足生存发展需要的基本劳动能力，形成良好的劳动习惯。新时代的劳动教育旨在培养幼儿正确的劳动价值观和良好的劳动品质。面对新形势新要求，我园不断更新观念，把社群服务劳动作为课程的一个重要分支，不断拓展课程内涵，在课程建设中渗透劳动教育，注重劳动教育的启蒙价值、体验价值，培养幼儿的劳动情感、态度、自信心及基本的生活能力。

我们尊重幼儿身心发展的规律和学习特点，结合社群服务劳动的特点及本园实际，培养幼儿“热爱劳动、乐于助人、主动探究、独立思考、团结协作、坚韧耐心”等劳动品质。

一、幼儿劳动品质的主要体现

马克思曾说，劳动形成人的本质，劳动是实现人的全面发展的重要途径。社群服务劳动，有助于幼儿产生对劳动的兴趣，形成自尊、独立、有责任心的个人品质；认识并尊重成人的劳动，珍惜他人的劳动成果；获得最简单的劳动技能和技巧，促进大小肌肉的发展。组织幼儿进行劳动活动，在此过程中培养他们的劳动能力、协作能力和劳动的社会动机，促使其在集体中劳动和为集体而劳动。集体中的劳动能促进幼儿之间的交往、分工合作，是培养社会公民的重要方式。

社群服务劳动是以实践为载体，不是单纯地传授给幼儿知识和技能，而是让幼儿在所处的真实生活、社会场景中，亲自去操作、去感知、去反思、去感悟，使幼儿不断获得直接经验，提升实践智慧，让幼儿从想做、尝试去做逐渐发展到敢做、会做。在自我服务和服务他人的过程中给幼儿充分的时间与空间，为其提供了一个可操作的“试验田”，幼儿在做中学、在做中进步、在做中获得实践能力。

在社群服务劳动中，儿童参与劳动的过程就是接受教育的过程，其主要目的在于提升素养。通过社群服务劳动，幼儿以下几方面品质能够得到培养。

（一）热爱劳动

能认真负责、吃苦耐劳，创造性地对待服务劳动，具备满足生存需要的基本劳动能力，有良好的劳动习惯，有正确的劳动价值观；具有勤俭、奋斗、创新、奉献的劳动精神，崇尚劳动、尊重劳动、尊重劳动人民；懂得劳动最光荣、劳动最崇高、劳动最伟大、劳动最美丽。

（二）乐于助人

能关注他人的情绪和需要，并能给予他人力所能及的帮助；尊重为大家服务的人，珍惜他们的劳动成果；在群体活动中积极、快乐，愿意为集体做事。做了好事或取得了成功后还想做得更好，积极参加公益劳动，乐于创造美好生活。

（三）主动探究

发展主动获得知识和信息的能力，养成主动获得信息的学习习惯和主动探究的态度，发展信息素养、探究能力和创造精神。在探究中能与他人合作与交流，在劳动中能发现和认识问题，能与他人探讨问题，能勇敢尝试并能寻求资源和帮助解决问题，有探究的思维习惯并在坚持不懈的劳动中解决问题。

（四）独立思考

能归纳一些想法，能做一些预测，能理解他人的意图和思考，能做出判断等。幼儿自己能认知、思考、发现、发明、幻想和表达。只有在活动中充分发挥幼儿的积极性、主动性、创造力，才符合幼儿天赋能力的自然表现和需要。在劳动中能以新方式进行活动和探索、以艺术方式表达思想及创意、用语言表达自己独特的想法及做法，有思维挑战和创新精神等。

（五）团结协作

在劳动中能与同伴、成人大胆合作交流。喜欢和同伴一起游戏；在群体活动中积极快乐；愿意接受同伴的建议；能与熟悉的成人交谈，在需要时会寻求成人的帮助；能够与同伴协商，共同完成任务等。能与同伴分工合作，友好相处，能积极沟通交流，遇到困难能一起克服。

（六）坚韧耐心

社群服务劳动不是干苦力，而是幼儿通过承担可以胜任的工作去体验劳动的价值，理解劳动的辛苦，以及体会作为劳动者的成就感和责任感。自己的事情自己做，不会的愿意学。敢于尝试有一定难度的活动和任务。主动承担任务，遇到困难能够坚持而不轻易求助。能正确看待自己，对待他人。在活动过程中能排除干扰，应对活动中遇到的挫折，持之以恒坚持不懈完成任务，有坚韧的意志和毅力等。

二、劳动教育中幼儿品质的培养策略

劳动是人类最基本的实践活动，是人类生存和发展的基本条件。选择适宜的劳动教育方法是根本。让幼儿通过劳动实践活动，全面发展自己德智体美各方面的素质。适宜的劳动教育，尤其是充分发挥幼儿的主动性、体现创造性的劳动，有利于涵养幼儿对劳动的积极态度和劳动习惯。劳动、做事是幼儿学习的重要方式。让幼儿在社群服务劳动中，锻炼眼、耳、口、手等的协调能力，获得德智体美全面发展，我们主要运用了下面五个方法。

（一）支持引领

在劳动教育中，教师要遵从幼儿的心性，通过引导幼儿适度地劳动，激发幼儿的潜能，刻画儿童美好的心灵。在劳动经验方面，教师要帮助幼儿建立起新旧知识的联结点。实践中，要给予幼儿劳动自由，为幼儿营造宽松的环境，引导幼儿将自由地劳动作为自己愿意去做的事情，体验到身心愉悦的感受。在家中，家长与幼儿的快乐互动，在社区中，有经验的成人与孩子的温馨互动等，都创设了这样的支持环境。因为只有在情感丰富的劳动教育中，儿童的情感世界才会更加充实，儿童才会接纳劳动教育。

（二）从做中学

我园通过班务劳动、园务劳动、家务劳动、公益劳动等这些具体的“劳动”对幼儿进行教育，强调让幼儿从做中学。实践证明，劳动教育运用这种方法最为适合。幼儿的学习是以直接经验为基础的。幼儿的劳动价值观不能仅通过简单的说教，而是需要通过直接感知、实际操作和亲身体验来培养。“从做中学”更是触手可及，它是幼儿在日常生活的真实境遇中经常进行的活动，也是开展劳动教育的根本途径。应把培养幼儿的劳动习惯、劳动品质寓于幼儿的生活劳动、为他人服务之中，培养幼儿尊重劳动、热爱劳动的品质。

（三）情境体验

根据幼儿的学习方式和特点，我们运用“情境体验法”培养幼儿的劳动品质。因为《指南》指出：“要珍视游戏和生活的独特价值，创设丰富的教育环境，合理安排一日生活，最大限度地支持和满足幼儿通过直接感知、实际操作和亲身体验获取经验的需要。”社群服务劳动因其特殊的教育内容和教育形式，需要创设教育情境，使幼儿身体、理智和情感三者之间产生交互关系。在实施中，关注幼儿的身体体验、情感体验以及认知体验。社群服务劳动的场域很多，包括班级、幼儿园、家庭、社区、实践基地等，幼儿年龄尚小，需要教师进行有效的互动，知行统一，在情境体验中充分激发幼儿的学习需要和动机，使幼儿获得更多的经验。

（四）表扬鼓励

通过表扬、评比等激励手段，引导和强化幼儿良好的劳动行为，使幼儿认识到劳动最光荣。例如：教师在班里设立值日生评比栏，开展组与组之间的评比，哪一组做得好，就可以获得一面红旗。这种评比活动，不仅能保持幼儿值日劳动的兴趣和热情，而且能培养他们关心集体的责任感。组织幼儿劳动时，教师应保证幼儿全面发展，帮助他们获得自信。当幼儿完成劳动任务后，要及时表扬，鼓励他们再接再厉等。帮助幼儿形成必要的生活本领与技能，并培养他们的责任心和自主性，使幼儿的身心活跃起来，感到自己是有用的、能干的。在幼儿的心灵中早早播下爱劳动的种子。

在日常生活中进行教育，让幼儿做一些力所能及的事，培养自我服务能力及服务他人的能力。也可以让幼儿了解家庭、社区中成人的劳动或者与优秀劳动者见面，引导他们崇尚劳动，尊重劳动者。

（五）榜样示范

在师生参加社群服务劳动的过程中，从准备、实施到最后活动的反馈，幼儿在整个过程中身临其境，感受是丰富而深刻的。教师的示范引领能引导幼儿在生活中学习、在游戏中学习、在模仿中学习，初步形成劳动观念和劳动意识。例如：教师对劳动中表现突出的幼儿予以肯定和表扬，能进一步激发其他幼儿学习模仿的热情，产生劳动的积极性。幼儿结合自己的学习、生活实际学习榜样，通过榜样的具体事迹感悟他们热爱劳动、不怕困难的精神，还在模仿学习中感悟到帮助他人的快乐。同时，也可以通过幼儿之间大带小、师带幼、成人带幼儿等不同的形式相互影响。成人要注重自己的言行，因为教师和家长等的一言一行也在感染和熏陶着幼儿，润物细无声，师幼一起克服困难、勇于探究和尝试，在不断挑战中迎接成功，身教胜于言教，真的是此时无声胜有声。

第二节
劳动促进教师的成长

幼儿园在认识幼儿、理解幼儿的过程中，更加清晰地认识到教育的本源就是满足幼儿的本质需要。只有教师实现专业化成长，才能真正落实以幼儿为本的教育理念。为此，我园在实施劳动教育的过程中也探寻总结着提升教师专业成长的途径。

一、在专业阅读中涵养底蕴

读书，可以丰富教师的精神世界；读书，能够使教师不断增长职业智慧；读书，是教师最基本的学习方式。基于我园教师劳动教育理论知识薄弱的现状，我园购置了劳动教育方面的书籍，例如《苏霍姆林斯基论劳动教育》《马卡连柯教育文集》《幼儿园教育与教学大纲》《劳动教育论》《新时代劳动教育课程设计与实施》《新时代劳动教育多样态》《劳动教育课程实施与评价》《幼儿与环境——致力于可持续发展的早期教育》《幼儿全人教育》等，鼓励教师利用空余时间及时充电，采用多元的读书方式激发教师的阅读兴趣。第一种是分享式读书，我们定期组织读书沙龙，开设“采香读书会”，将自己在阅读过程中的感想和收获与他人分享。第二种是对话式读书，我们通过不同的教师共读一本书，把读书的过程当作与他人思想的对话、交流的过程，在与别人的对话中碰撞出新的火花。我们还会制作读书卡片，将读书过程中的感悟和收获用小卡片记录下来，便于随时查找和不时之需。智慧的教师还以“思维导图”的形式向大家展示阅读的收获。没阅读过本书的教师也能在大量信息中迅速掌握重点、明确层次。此外，我们发动教师积极撰写读书笔记，把自己从书中获取的劳动教育理念、科研方法及时记录下来，并附上自己的感悟，以随笔的形式将这些“精神食粮”与同仁分享。通过读书，教师更有效地支持劳动课程的建设，并且将先进的理念运用在组织的劳动活动之中。

二、在课程建设中开展多渠道培训

我们将“请进来”与“走出去”相结合，先后邀请了省、市、区教科研部门有关领导和专家来园开展劳动教育的讲座，解答教师的困惑，帮助教师理清思路，从心理学、教育学、社会学等多种学科拓展教师的思维，为社群服务劳动课程的构建提供了较坚实的理论依据。让教师从内心深处认同自我，并学会挖掘自身潜能，为参与课程奠定基础。每一次劳动项目的线上线下汇报，园部会组织全园教师进行分享观摩学习，在这个过程中我们从同行身上看到了从未触及的领域，学到了很多实践经验和方法，并促使我们重新思考社群服务劳动课题研究中可以拓展的方向。同时，我们还选派教科研骨干积极参加各级教科研培训。培训回来后他们对全体教师进行培训，并结合劳动项目研究，讨论我们应该怎样做。例如我们选派教师参加了苏州市第四届乡村学前教育骨干教师培育站研修。高规格、高质量的培训活动，使教师们不仅学习了更多的理论知识，而且开阔了视野、学会了反思。特别是在思考问题的时候能够尝试从多领域、多角度打开思路，跳出固有的模式找到解决之道。晓庄学院的研学之旅让教师能够心无旁骛地做回学生，纯粹地吸取学前教育前沿理论和最新研究成果，也让教师明白课程不是一个模式，而是动态生成的、围绕着教育对象和教育理念不断地“破”与“立”的过程。2021 年，幼儿园迎来了厦门市各市区幼教教研员与名园长一行 20 人进行友好参观和交流。教研员和名园长们深入班级和劳动场域进行活动观摩。她们感受到了教师充分尊重幼儿，以幼儿为中心的教育情怀。此次活动是智慧的碰撞，亦是教育理念的升华，为两地幼教提供了互学、互鉴的机会。我们抓住每一次学习和互研的机会，让头脑保持丰盈，将学到的方法策略举一反三运用到社群服务劳动的实践研究中。同时，我们还向全国课题组同行学，学习他们建构劳动课程的经验；和全国幼儿园劳动研究基地园的骨干切磋，学习、借鉴他们建构园本化劳动课程的理念。

三、在实践尝试中积累智慧

教育实践是幼儿教师发展的基石，是幼儿教师专业发展的助推器，是激活幼儿教师教育智慧的星星之火。完成一项高质量的行动研究，所需的不只是个人的努力和智慧，更是集体的力量和团队协作。教师不再是单纯的执行任务者，更是教育研究者，要具备主动分析问题、解决问题的意识和对自己教育行为的反思意识。

（一）适当做减法，时间花在刀刃上

1. 压缩任务，把时间归还教师

社群服务劳动课程建设需要与幼儿相关的各类人员的合作和配合，特别是园长

和各分管园长的支持起着决定性的作用。这种支持不仅体现在对课程建设的系统引领上，为教师减去不必要的事务性任务也是非常重要的。管理层在诸多纷杂的事务中应该学会取舍，与课程关联不大又增加教师工作量的事尽量不要安排。明确教师的本职工作，减少不必要的书面工作，精简教师任务，把时间还给教师，才能让他们有余力思考和改进。例如我们在阅读教师的观察记录中发现质量普遍不高，存在杜撰和敷衍的现象。通过与教师的访谈了解到观察记录对于教师是很大的负担，每天需要花大量的时间整理文字、照片、素材等。时间一长，大家没有发现自己辛苦观察记录的价值所在，记录的热情和耐心被消磨了。园部从教师的真实想法中看到了管理上的一厢情愿，首先，在数量上进行调整，从最开始的一周两三篇调整成现在每周有一篇高质量的观察记录即可，其余的观察记录形式教师可以自由选择照片、便签、记录表等方式。这大大减轻了教师撰写观察记录文本的时间。其次，要让教师感受到认真观察和记录带来的职业幸福感。在教研活动中增加了与教师讨论分析观察记录的时间，大家看到了别人观察记录的好方法和巧策略，也从中慢慢读懂了幼儿的真实想法和需求，找到了后续支持幼儿和助推课程的发展方向。

2. 厘清思路，找出关键任务链

新学期开始，在面临众多要研究的任务主题时，教师首先要学会沉下心来进行理性分析。试着问自己这样几个问题：这些主题我是否都要做？它们之间是否具有关联性？我能不能找出它们共同的特质？这几个问题牵引着教师在庞杂的主题式菜单中寻找到关键任务链。例如：大班要同时研究班本课程、劳动项目及幼小衔接，这三者有联系吗？答案是肯定的，换一种思路就会让人豁然开朗。在班本课程主题先期确定话题的时候可以着重从劳动项目内容中寻找，劳动项目课程的研究可以自然渗透幼小衔接的各种关键品质。这些粗看毫不相干的主题任务最终走到了一条线上，如此一来，思路厘清了，真正需要研究的问题便聚焦了。

（二）分步骤剖析，科学合理做规划

课程设计和规划能力是教师需要具备的专业能力之一，这种能力不能停留在理论层面，让人抓不住摸不着，而是需要落实在实践中。教师是课程建设的主体，课程规划是为了更好地进行课程建设。

在规划的方法中，思维导图是一种很好的方式。我们倡导劳动课程由教师和幼儿共同建构，列出幼儿所知道的关于所要开展话题的知识，以了解他们的知识储备，试着找出这个课程可以从哪儿开始，再将他们想要知道、想要学习的关于话题的知识画成一个网络图，真实记录教师和幼儿每一次的思考过程和转折点。教师们一定会想：思维导图那么枯燥、理性、高深，孩子们能懂吗？恰恰相反，幼儿的思维特点是具体的、形象的、生动的，他们喜欢用绘画的方式来表达自己内心的想法，而思维导图是把大脑的想法“画”下来，在绘制的过程中调动右脑的图像、色

彩和空间等功能，这和幼儿的大脑功能发育非常吻合。思维导图能帮助幼儿更充分地通过涂鸦、绘画表达自己的内心世界，让他们的创造力和联想力得到进一步的发挥，通过动手调动更多的感官，促使大脑更好地发育。

四、在课程建设中构建研究共同体

教师的学习是基于经验的反思学习，是基于案例的情境学习，是基于问题的行动学习，是基于团体的合作学习。幼儿园要充分发挥园长的引领作用，整合各类研究力量，形成骨干研究队伍，成为推进研究工作的中坚力量，在项目研究中起到先锋作用。

（一）小组引领，凝聚智慧

我们清楚地知道：课程建设需要所有教师的介入，每一个教职工都是课程的建设者，课程领导小组作为课程建设中的攻坚部队，小组成员需要面向全体，收集一线教师在开展课程中遇到的各类问题，进行初步梳理和归类，以便小组针对共性问题进行教研方式和策略的研讨，随后根据教师的现有水平选择合适的研讨方式有序开展教研活动，尽可能聚焦问题内核进行高频讨论，寻找到解决的方案。

（二）创新方式，唤醒热情

领导小组还要考虑的一个重要问题就是要调动起教师的积极性。杜威的“主动作业”理论确立了活动在课程中的地位。教师的课程研究活动也应该是一种积极的探究、实践和交流的过程。什么样的教研方式是受教师欢迎的？怎样能让教师体验到做课程的幸福感和成就感？如何跳出某些固有模式进行创意创新？只有解决了这些问题，才能让教师在课程建设的过程中始终葆有热情，从内心深处真正觉醒，成为课程的实践者、思考者和创造者。

我们采取三级复盘会的方式，即每天班级复盘会、每周年级复盘会和每月园级复盘会，让教师在复盘会中回顾自己的教育行为，正视遇到的困惑，反思接下来要采取的教育策略。在园级复盘会上，教师是带着自己的感受、自己的问题和困惑以及一种积极开放的心态而来。而组织者要提前一周了解教师，了解幼儿，了解课程的进展，通过定期巡班、与教师进行日常交流以及看教师写的观察记录和教育笔记，了解教师的教育现场。第一个环节，每一位教师表达自己的经历、感受和情绪，不设评价和批判。第二个环节，直面存在的问题。第三个环节，教师们就某一现象分享自己的经验，而其他教师会思考是否还有更好的办法。这种没有评价的沟通，会让每一个人的力量得到释放。在反思的基础上，每一个人都能实现对自我的再认知。当你从指导者变成倾听者、对话者、搭桥者，一切都会改变，高质量的对话就会发生。复盘会激发了教师反思的信心和勇气，支撑着他们不断地、持续地、积极地对自己的行为和教育理念进行深入的思考。

教师是每个班本课程的点灯人，教师只有不断提升自己的课程建设能力，才能及时抓住幼儿的需要与探索时产生的新问题，促使课程的设计充满灵活与弹性，在荧荧微光中，点亮属于幼儿的故事，在火光跳跃中聚集每一束光芒，在一次次的思维碰撞中，照亮幼儿，也照亮自己。

五、在课程研究中培养研究型教师

教师专业化成长的途径有很多。大量研究表明，以先进的理论为指导，研究自己的教育实践活动是教师专业化成长的重要途径。的确如此，我们发现社群服务劳动课程建设，能有效地促进教师专业化成长。

（一）在课程建设中构建学习型组织

教师的学习型组织是以教师的“职业场”为基点，构建教师学习共同体，以促进教师专业发展为基本目的，为实现学校发展的共同愿景，营造学习文化氛围，通过全员学习、团队学习、全程学习，改善心智模式，不断自我超越。幼儿园通过学期计划论坛、年级组教研、班级阶段性审议等方式构建学习型组织。

1. 学期计划论坛

学期初，幼儿园各部门负责人和各班级项目组长在全园大会上分享自己的教育方向、愿景、对工作的思考，并提出可行性策略，幼儿园将这些计划汇集成全园的具体工作计划。

2. 年级组教研

教师集体教研也是我园教师获得专业成长的重要途径。每周四中午，年级组教师围绕劳动项目过程中出现的共性问题进行讨论，研讨出相应的解决策略，依此规划下一步工作内容，让各项目组更有针对性地去准备活动材料和提前做好活动中幼儿的指导工作，促进幼儿更有效地学习。

3. 班级阶段性审议

每周五中午各班级三位老师和蹲点行政人员进行班级深度会谈，针对班级中出现的诸多问题，在组长的引领下三位老师发表自己的见解，从不同的角度去剖析问题，思考解决方法。

（二）在行动研究中不断成长

行动研究是一种适应教育改革小范围探索性的研究方法，其目的不在于理论或归纳规律，而在于系统地、科学地解决问题。它是将研究行动整合进特定的教育情境之中。在行动中研究，进而更好地行动。

1. 集体研讨

在劳动项目研究起始阶段，教师们在一起讨论社群服务劳动的资源有哪些，接着设计调查表、问卷，然后对其进行整理分析，明确哪些资源可以用于劳动课程的开发。还讨论出什么资源适合小班、什么资源适合中班、什么资源适合大班或者可以同时利用，但在不同年龄班要制订不同的目标。大家共同讨论劳动项目活动的名称、通过这个项目活动可以达成哪些目标、通过哪些途径可以开展这个项目活动。大家集思广益，结合自己的已有经验，围绕项目活动勾勒出初步的课程实施路径。

2. 同伴互助

90 后、95 后教师是幼儿园课程实施的主力军。他们思维活跃、富有朝气、特立独行、个性张扬，又难免存在经验缺乏、自主成长的意识不强等问题。我们尝试探索能够为教师赋能又与幼儿园的课程建设相辅相成的园本研训方式。我们始终以教师的需要为着眼点，以开放的心态实现同伴互助。项目式研修是由教师个体或是小组所引发，并组建小组深入研究一个特定专题，把专题作为研究对象，将解决问题的方法途径和创新方式作为研究目标，通过理论培训、研讨交流、专家指导等研修手段，帮助小组成员实现优势互补，形成研究合力，有效开展动态研修，最终获得共同发展。区别于课题研究的烦琐过程，项目式研修的范围小、周期短、过程相对简便。我们在教师的项目式研修中关注教师不同的发展特点、专业需求和兴趣，在对教师充分调研了解之后，为他们选择的研修专题提供合理建议，尽量满足教师的个性化需求。同时教师的特长融合也是在选择时需要考虑的一个因素。例如研修专题“支持幼儿家务劳动中的社会性发展”，在小组成员中，有的比较擅长资源的梳理，有的较为熟悉社会领域的关键经验，有的擅长开展家园沟通工作，有的善于总结方法和策略。这样的组合，成员们虽不是全能，但各有所长，这些差异如果能有效融合就是宝贵的研修资源，也为后续的研修奠定了扎实的基础。

3. 形成制度

制度建设是支撑点。在劳动项目研究过程中，我们坚持年级组、项目组隔周汇报，交流研讨制度，教师汇报、交流课程实施的情况，共同研讨在活动中发现的问题和遇到的困惑，寻找教育对策。有时开展“项目沙龙”，针对一个项目活动，讨论如何开展得更好，通过集体的智慧，最终形成较好的劳动项目活动。例如，在中班主题活动“爱劳动的小宝贝”中，当时正值疫情，项目组通过线上研讨的方式在主题实施的前期、中期、后期进行高频研讨审议，从一开始的难以入手，到试着从幼儿和家长的角度出发，结合疫情宅家的实际情况，逐步厘清思路，最后在边实践边审议的过程中逐步完善主题脉络。

4. 专家引领

在社群服务劳动的研究中，我们也适时地请一些专家来园观摩、指导，对教师在研究过程中遇到的问题给予解答。疫情之下，当我们对社群服务项目一筹莫展的时候，虞教授给了我们全新的思路，可以灵活运用现代化的音频、视频等手段与社区进行互动联结。如：在大班春游活动中，我们利用此次活动的契机，让幼儿发现人们对于环境的态度与我们的生活息息相关，引导幼儿用力所能及的方式将环保的理念宣传至社区居民中。

（三）在反思调整中稳步递进

教师研究的出发点是探究和解决教育实践中的问题，从而提高教育质量，促进幼儿更好地发展。教师的研究与教育教学过程是“一体化”的。教师观察反思教育教学的过程，是教师对自身教育行为及其效果的分析、回顾与思考的过程。

1. 在教研中反思

在课程建构中，我们把教研和科研结合起来，经常把教师的活动实施片段录下来，然后让教师来观察幼儿在活动中的反应，从而判断教师所确定的教育目标、选择的教育内容、采用的教学组织形式、投放的材料以及在教学过程中采用的具体指导策略是否适宜，进而不断调整教育内容及策略。

2. 在实践中反思

在课程建构中，教师发现评价是个棘手的问题。如何评价幼儿发展，以及如何评价课程实施的情况呢？经过实践，教师发现可以把评价贯穿于项目活动实施过程中。把每次幼儿的活动表现或综合性活动情况记录下来，建立幼儿个体档案，收集幼儿的调查表、照片、记录表等资料，全面评价幼儿的发展状况及课程。

3. 在观察中反思

通过观察幼儿的行为，教师可以不断调整自己的教育策略，从而生发课程。如大班活动“垃圾分类”，幼儿对垃圾最后到底去了哪里非常感兴趣。怎样因势利导开展活动，满足幼儿的兴趣呢？在园部的协调下，教师带领幼儿来到环境卫生管理站进行实地参观访问，通过观看现场图片和模型演示、玩垃圾分类小游戏以及聆听环境卫生管理站工作人员的细致讲解，幼儿了解了垃圾的一生，对垃圾分类的理念有了更加深刻的认知。不仅如此，幼儿自发成为环境卫生管理站小花园环境创设的设计师。小朋友们利用洗衣液的瓶子、废旧茶壶、奶粉罐等材料，做出了一个个漂亮的花盆！环境卫生管理站的小花园在种植小能手的辛勤劳动下焕发了色彩与生机！

4. 在总结中反思

在园本课程建设中，我们要求教师不断总结和反思，每周写一篇反思日记，回顾自己所走过的课程建设道路。成功的经验何在？失败的教训是什么？活动组织的内容、方法，幼儿是否喜欢？教育教学策略是否符合《指南》精神？每个主题活动结束，让教师对活动方案进行整体性评价。预设活动哪些是幼儿感兴趣的？生成了哪些课程？哪些方面需要进一步调整？对活动有何建议？这些反思对以后此类活动的开展具有借鉴意义。

在社群服务劳动课程建设中，我园教师有充分的课程自主权，具备自己的课程思考并做出了一定的成果。大家在学习中提高，在行动中研究，在研究中建构，在反思中改进，各方面潜能得到充分的发挥，有效地促进了自身专业化成长。

以下是教师参与社群服务劳动后的点滴感悟：

钱丽婷（教龄14年）：劳动是一首快乐的歌，在项目研究的过程中，幼儿、教职工、家长以及社群中的每一个人都全身心投入，感受到了劳动带来的别样体验。劳动之歌的谱写让教师看到一日生活中蕴含的劳动教育契机，打破固有的观念，让热爱劳动的美好品质润化到每一个孩子的心中。社群服务势必要走出幼儿园，项目研究过程中可以借鉴的不多，走出去的路上也困难重重，但园部积极与社群联系，为走出幼儿园开展活动做出最大的努力。也正是这样一种传播大爱的行动感染了社群各行各业的人们，他们自愿加入到社群服务的项目研究中，每一个参与的人都在服务他人，服务社会，并让服务他人、传递美好的理念流淌进角角落落，生生不息蔓延开来。

周萍（教龄14年）：习近平总书记曾说："劳动是财富的源泉，也是幸福的源泉。"我刚开始接触社群服务劳动的时候，因为考虑到幼儿的年龄特点和安全，觉得能组织幼儿参与的社群劳动比较少。《关于加强中小学劳动教育的意见》指出："要在学校日常运行中渗透劳动教育，积极组织学生参与校园卫生保洁和绿化美化，普及校园种植。"由此可见，园内劳动也是社群劳动的一部分，园内劳动不仅仅是重复的体力劳动，还可以与幼儿智力发展联系起来，使劳动成为幼儿认识新事物、探索世界的重要学习途径。比如小班幼儿的自我服务劳动，在自我服务的基础上，能力强的幼儿还能帮助班级中能力较弱的幼儿，做他们的小老师。这样看来，年龄大小并不影响幼儿参与劳动。同时，社群服务劳动更突出的是"服务"，我们鼓励幼儿多参加园外劳动，通过调查幼儿园周边资源，发现了一些相对比较安全和幼儿徒步能到达的地方。我们还来到幼儿生活的地方，让他们使用各种劳动工具帮助社区除尘布新。同时，我们也积极与家长联系，开展劳动打卡活动，使劳动成为一种习惯，让幼儿具有基本的生活技能、生活经验、生活知识，逐步培养自理能力。劳动打卡慢慢改变了家长的观念，让家长发现自己的孩子虽小，但也会做很多事情，在鼓励幼儿参与家务劳动的同时，自身也要起到陪伴和榜样作用。家长可以用分工合作的方式，比比谁先完成劳动任务，让幼儿知道劳动不是家里某个人的事情，而是需要全家人共同参与的，每个家庭成员都要为家庭的干净整洁付出自己的劳动。

劳动需要人人参与，人人需要劳动。每个人为我们生活的幼儿园、社区、家庭付出一点努力，我们的生活就会更加美好，人与人之间的距离也会更近。劳动中我们共同努力做好同一件事，与同伴、与家长、与老师不断交流、分享。劳动不仅仅是辛苦的，更是快乐的。看到自己光荣地完成一项任务的时候，幼儿会觉得很有成就感。不光孩子需要劳动，我们也要积极参与，做好孩子们的榜样，与他们共同努力，共创干净、舒适的环境。

吴君妍（教龄 10 年）：社群服务劳动研究的过程是不断相信孩子的过程，相信孩子能做更多的事情，相信孩子解决问题的能力，相信孩子的创造力……社群服务劳动研究的过程也是我热爱生活的过程。起初关注幼儿生活是为了发现其中的教育契机，慢慢地，这变成了一种习惯，和孩子一起关注生活中的人、事、物，和孩子一起享受有温度的、甜甜的生活。回望携手走过的这 5 年，孩子、老师、保育员……幼儿园的每一个人，在社群服务劳动这份大爱的滋养下，都感受到丝丝微妙的变化，或许看不见，但是只要用心定能感受到，感受到这一份生命的温度与厚重！

王芳（教龄 10 年）：参与社群服务劳动研究是一次宝贵的成长机会。首先是理念的更新，我不再停留在幼儿的自我服务上，而是支持幼儿在服务自己的基础上服务他人、服务集体，逐步实现自我价值。其次是将一日生活皆课程的理念融入心中，学会了做课程。师幼共同参与一个活动时，会一起讨论、实施、调整以及互相评价，明白劳动不止是付出，还有收获，劳动让生活多姿多彩，让我们成为幸福的你、我、他。

陈晓兰（教龄 9 年）：我对于社群服务劳动的初印象仅仅是面向社区的服务型劳动，在深入解读和实际行动后才发现社群服务劳动不只局限于社区，而是在自我服务劳动的基础之上，是随着幼儿社会交往能力和交往范围的扩大，逐步展开的。开展幼儿园社群服务劳动，应联系幼儿的日常生活经验，在真实生活中追寻劳动教育的旨趣，感受劳动带来的价值与满足。

我们更加关注过程而非结果本身，尊重幼儿发展的个体差异，关注幼儿学习与发展的整体性，支持和引导幼儿获得新经验，促使幼儿向更高水平发展。

谢燕萍（教龄 9 年）：在参与社群服务劳动的过程中，我从之前的盲目，变成现在能静下心来等一等；活动内容也从之前的比较单一变成现在越来越多元化。我支持幼儿做一些力所能及的小事情，这不仅能提高幼儿的动手能力，而且能培养其积极向上、乐观开朗的良好品质，并使他们从中真切地体会到劳动的团结友爱、幸福快乐。回归生活，回归儿童，劳动教育更能助力生命的成长！

张荟（教龄 8 年）：开展社群服务劳动教育以来，对我来说转变最大的是，我们从依托蓝本实施课程更多地转向自主生成课程。我们开始更加关注挖掘班级、园内甚至园外的各种资源，小到为自己服务的自理能力的培养，大到为他人服务的社群方面的劳动，孩子们有了更多劳动的机会。开展社群服务劳动，幼儿有了更多走出幼儿园的机会，这也更加需要家长的配合。在这个过程中，我们和家长的联系更为密切，家长资源也更多地被调动了起来，对于家园配合来说，合作的方式也更加多样。

吴菲（教龄7年）：现在的一日活动中我时刻保持劳动意识，去发现幼儿的劳动能力，充分利用劳动教育契机，支持幼儿主动参与劳动，形成正确的劳动态度。例如，鼓励幼儿主动整理玩具、清洁桌面、午睡后整理床铺等。同时，不断探寻幼儿感兴趣的课程，凡是幼儿能做的，放手让幼儿去做，支持幼儿在劳动中的各类体验，鼓励幼儿在劳动中相互合作并自己解决问题，培养幼儿积极、坚持、合作、善思的宝贵品质。

孙岑岑（教龄5年）：我第一次听说幼儿园开展社群服务劳动课程的时候，最先想到的就是孩子们能干点啥，对孩子来说它的价值在哪里。于是，在懵懵懂懂中和孩子们一起摸索着展开了活动。但是没有想到，这个摸索的过程却开出了不一样的花。孩子们的成长变化是非常显著的，在和他们一起尝试探索的过程中，我对劳动教育产生了一些自己的认识。

活动是幼儿的活动，劳动是幼儿的劳动。劳动活动的开展应该追随幼儿的兴趣和需要；而劳动又像是一个有起点又有终点的旅程，我们可以知道起点在哪，终点在哪，但是怎么走？什么时候到？这些都是由旅客，也就是幼儿决定的。有时候劳动活动更像是一次探索活动，在活动过程中经历的一切都是新鲜的。因此我们要不断推进幼儿的深度学习与探索，并且帮助幼儿梳理、获得新的经验。通过劳动获得的知识、技能、情感、品质又是幼儿参与劳动活动的基础，促使他们再次去进行新的劳动体验，以此形成一个良性循环。我想，劳动不仅让幼儿成为更好的自己，也让我成了更好的老师。

朱皓琦（教龄4年）：幼儿阶段是劳动教育启蒙的关键阶段，良好的劳动习惯能够有助于提高幼儿劳动的主动性和坚持性，因此教师要在日常生活中抓住并充分利用劳动教育契机，支持幼儿主动参与劳动，形成正确的劳动态度。我们与幼儿也会讨论他们在班里、幼儿园、家庭中可以做的事情，并通过值日生、百耕园的小农夫、除草能手、区域整理我最棒、挖笋小高手、家务劳动小能手等形式鼓励幼儿参与劳动，从中体验到通过自己的劳动创造快乐生活的乐趣。通过感知体验、操作分享的浸润式教育，我们帮助幼儿形成创新、积极的劳动品质和良好的劳动习惯。

第三节
劳动促进家长的成长

家长参与到社群服务劳动中来，提出自己对社群服务劳动教育的看法和建议，可以提升教师的课程智慧，丰富课程资源，使课程结构、内容更加丰富、全面，也更能适应幼儿发展及社会发展的需要。在劳动中，亲子配合可以促进家长的发展。当发现幼儿的行为习惯存在问题时，家长会积极反思自己的教育方式，以寻求解决的策略。只有处于发展中的家长才能应对幼儿不断出现的问题。这个过程，有利于家长与幼儿之间的沟通、交流，能促进亲子关系的良性发展。

一、主动配合，满足幼儿的成长需要

好的家庭会让幼儿更加具有独立自主意识、自信自强意识、合作探究意识，也能使其更加积极地面对生活、面对世界、面对人生，使幼儿具有良好的素养与过硬的生活本领，从而更好地走进社会、融入社会，迎接一个又一个挑战，实现自我完善与超越。

（一）自觉参与劳动课程的开发

为了帮助家长形成新的课程建设观，幼儿园汇集先进的劳动教育理论知识和优秀案例，利用家长群、微信公众号等渠道向家长宣传劳动教育的意义，每学期不定期召开线上和线下家长会，让家长了解幼儿园劳动教育课程，感悟劳动教育的价值。同时，为了让活动更深入、更优质、更能满足幼儿个性化的成长需要，各班邀请家长参与班级课程审议，和教师一起，根据本班幼儿的兴趣和需要，结合家长所拥有的资源，制订个性化的课程实施方案。例如：2020 年初，因为突如其来的新冠疫情，幼儿不能出门游玩，爸爸妈妈都停工了，寒假加长了，家长对于幼儿的发展顾虑也随之增加了。教师在与家长一次次的联系中，得知家长在家会和幼儿进行一些小活动，他们希望得到教师的科学指导。经过园部、年级组、家长与教师的多元研讨，我们决定通过微信公众号，每周推出“‘疫’样的年，不一样的假期”系列活动宅家锦囊。家庭是幼儿劳动教育非常重要的场所，于是，“‘疫’样的年，不一样的假期”系列活动便以家务劳动为主要线索来展开。

（二）积极参与劳动资源的挖掘

家长的支持为劳动活动的开展提供了更多专业、人力、物质等方面的资源支持，为课程实施提供了有力保障。

示例：

乐享南瓜香之金黄灿灿“南瓜宴”

活动缘起：

大班哥哥姐姐种的南瓜成熟了，孩子们看到了，十分感兴趣。星星说：“这个南瓜是圆的，我家的南瓜是长的。”小象说：“南瓜是一大瓣一大瓣的。”悦悦说：“我还吃过南瓜粥。”……从初遇南瓜，到对南瓜的种类、种植时间、功效、外形特征等进行调查，幼儿关于南瓜的经验逐渐丰富了。除了探索、游戏，他们还想到了各种南瓜美食。南瓜到底可以做出哪些美食呢？经过研讨，年级组决定借助家长资源，邀请擅长烹饪的家长参与到“南瓜宴”活动中来……

1. 我想吃的南瓜美食

一个普普通通的南瓜，打开后有好多秘密值得我们去探索。承承的第一反应就是：“哇，好多南瓜子啊，我最喜欢吃南瓜子了。”吃是幼儿的天性，听到承承说南瓜子好吃以后，大家开始纷纷议论起来。可可说：“南瓜肉也可以吃的，我吃过南瓜饼。”小宝说：“我还吃过幼儿园的南瓜粥。”……关于南瓜可以做成什么好吃的，大家都有自己的想法，爸爸妈妈也有不同的创意。

小小：奶奶说可以做南瓜饼。

嘟嘟：还可以做南瓜炒肉丝。

涵涵：我们做南瓜烙吧，妈妈做过，很好吃的。

星星：我妈妈会做南瓜馒头，要不我们做馒头吧。

思萌：爸爸在网上看到可以做南瓜球的。

雨彤：我们还是做南瓜饼干吧，这个简单。

经过调查各种南瓜美食及做法、分享介绍，大家投票决定，年级组七个班级分别确定了幼儿喜欢和适合他们制作的七种美食——南瓜牛奶小方、南瓜小饼、香酥南瓜饼、迷你南瓜饼、南瓜大大卷、南瓜小馒头和南瓜华夫饼。

2. 一起制作南瓜美食

制作南瓜美食会用到多种工具与材料，家长们根据需要带来了电子秤、电饼铛、小刀、模具等烹饪用具，还有糯米粉、面粉、玉米淀粉、椰蓉、糖、豆沙等多种食材。幼儿则积极地参与到美食的制作过程中。当家长拿出从家里带来的电子秤时，大家都很好奇，依依介绍道："这是秤，妈妈说它可以用来称东西。"玥玥妈妈擅长制作各类面食，当她拿出事先发好的南瓜面团时，孩子们开心极了："为什么这个面团是黄色的呢？"孩子们一起观看了南瓜馒头的制作过程，激动地表示："我也要做圆圆的馒头。""我要做蝴蝶形状的馒头。"……心心妈妈则和孩子们一起制作华夫饼。大家跟着搅拌南瓜、鸡蛋，加入面粉，再用模具压一压，放进电饼铛，不一会儿，好吃的华夫饼就做好啦！从一开始的无从下手，到越来越熟练地搅拌、搓圆、压扁，幼儿在"搅一搅，拌一拌"中观察糖、南瓜泥与淀粉的变化，虽然他们现在还不懂什么是"溶解""融化"，但是在亲身参与的过程中真真切切地感受了"溶解""融化"的奥秘。

3. 分享南瓜美食

南瓜美食制作好了，终于到了分享时刻！孩子们在展板上画出了南瓜美食，还将制作步骤用简单的图示表示出来。在品尝各种南瓜美食的同时，他们不忘向别人介绍自己班的南瓜美食，并邀请大家品尝。一边品尝，一边和同伴交流着……

心心：我喜欢吃南瓜牛奶小方，冷冷的，软软的。

乐乐：我觉得自己做的最好吃！

浩浩：南瓜大大卷，吃起来软软的，可好吃了！

梓欣：我做的蝴蝶馒头真好吃！

童童：我觉得华夫饼最好吃，香！

幼儿的经验与学习：在和家长共同制作南瓜美食的过程中，幼儿掌握了搓圆、捏扁等技巧，感知到面团的软硬程度、光滑程度等特性，并且知道如何分面团，怎样分出大面团和小面团，能感知和区分物体的大小……制作过程中能够用语言与同伴一起探讨、共同合作。家长带来的各种各样的工具和材料也很受幼儿的欢迎。这些食材及用具并不都是常见、常用的，在丰富幼儿认知的同时，激发了幼儿对于帮厨活动的好奇心与探究欲。

教师的思考与支持：《纲要》中明确指出："家庭是幼儿园重要的合作伙伴。应本着尊重、平等、合作的原则，争取家长的理解、支持和主动参与，并积极支持、帮助家长提高教育能力。"在这一过程中，幼儿和家长一起动手制作美食，大大增进了家长与幼儿、家长与家长、家长与教师、幼儿与幼儿之间的交流，增进了家庭与幼儿园的密切合作，不仅让家长体会到了亲子劳动带来的益处，也让幼儿体验到了劳动的快乐、分享的喜悦。家长资源在帮厨活动中具有很大的优势，由于制作美食对大多数家长来说是生活中的一部分，且家长中有很多烹饪高手，他们可能拥有幼儿园教师不具备的相关才能。同时班级教师也有限，有了家长的参与，能更好地关注幼儿的表现，能在幼儿因经验不足无法单独完成的时候及时给予帮助。家长在参与的过程中体会到亲子劳动的快乐，更是对幼儿园主题活动有了更深层次的理解，从而更乐于参与、支持、配合幼儿园开展相关活动。

《纲要》指出："幼儿园应为幼儿提供健康、丰富的生活和活动环境，满足他们多方面发展的需要。"因此，南瓜除了用于制作美食，还可以融入幼儿的游戏中，幼儿在家和家长一起阅读绘本《南瓜汤》，并带来和同伴一起分享，还在表演区进行了表演，在美工区进行了创作。同时幼儿还通过"炒南瓜子"和"剥南瓜子"等一系列活动知道了南瓜子的食用方法，精细动作也得到了发展。最后，当幼儿第一次种植没有成功时，幼儿会主动想到回家问一问家长，把家长的有用经验吸收到自己的劳动过程中。同时当决定再次种植时，选种环节、种植环节，幼儿都能主动参与。南瓜资源的利用，不仅仅是制作美食，还能让幼儿通过多种感官来认识和了解南瓜的特征。把南瓜融入区域游戏中，幼儿的学习能力与经验也有不同的提升，表现为手部精细动作的发展，到语言表达能力的提升，再到种植经验的丰富，等等。同时，日常生活中各种美食是幼儿最常接触的，本次活动利用幼儿园的南瓜资源和家长助教资源选出贴近幼儿生活的内容组织活动。在帮厨活动中，幼儿需要亲自尝试操作。在活动开展前幼儿对南瓜有很细致的观察和了解。有了这些认知经验以后，南瓜宴的活动更多的是要提升幼儿的技能，丰富他们的生活经验。活动还可以延伸到家庭中，家长也更加清楚幼儿园开展的一系列活动。同时，幼儿通过多种感官来认识和了解了南瓜的基本特征，了解了南瓜美食的制作方法，建构了有关南瓜的经验，把五大领域的发展自然而然地融入其中。

（三）主动参与劳动课程的实施

在社群服务劳动课程实施过程中，家长走进活动现场，参与劳动。针对不同的活动，我们邀请不同的家庭成员参加，让所有的家长参与到课程的建设中来。

示例：

种子旅行记

活动缘起：

陈鹤琴先生说："大自然是我们的知识宝库，大社会是我们的生活宝库，是我们的活教材。"幼儿园收获的种子，存放有困难。教师和幼儿共同讨论，幼儿提出不少问题："种子有多少？""种子的种类有哪些？""种子怎么处理？"……幼儿对种子的处理产生了浓厚的兴趣，顺着这一兴趣点，我们开展了一次"种子旅行记"活动。

《规程》指出：幼儿园应当主动与幼儿家庭沟通合作，为家长提供科学育儿宣传指导，帮助家长创设良好的家庭教育环境，共同担负教育幼儿的任务。经过研讨，年级组决定邀请家长参与幼儿的种子系列活动，关注幼儿的学习特点、关键经验，将他们与家长的沟通交流、家庭与幼儿园的配合联系起来，形成幼儿的生活经验并提升其能力，促进幼儿劳动意识与服务家庭的意识的萌发。

1. 收获新种子啦

又是一年丰收季，百耕园收获了许多新种子。孩子们欢喜地讨论着该如何处理这么多种子。

西西：老师，可以炒熟了吃呀。

轩轩：老师，我们可以把种子重新种在泥土里，这样第二年就可以看到好多好多漂亮的向日葵啦。

幼儿的经验与学习：幼儿园里丰富的自然资源，给幼儿带来了探究大自然的机会。当幼儿知道百耕园里收获了许多种子时，都非常有兴致地讨论着该如何处理这些种子，教师没有直接干预，而是选择聆听幼儿的想法，支持幼儿的学习热情，对幼儿的想法与表达给予鼓励。在交流中，幼儿相互比较。

教师的思考与支持：百耕园里收获了许多种类的向日葵种子，应该让幼儿自己去互相交流各自发现的种子收集方法，让他们通过思维的碰撞，进行经验的发现。

2. 我想买种子

安安：老师，我可以把种子拿回家去种吗？这样我就可以天天给它浇水，看着它长大啦。

小杰：老师，我也想自己种种子，我还想把它们生长的样子画下来。

瑶瑶：安安，可这是幼儿园的种子呀，妈妈说不能随便拿别人的东西。

小杰：那我们可以把种子买下来吗？每个小朋友买了种子，就可以回家种啦。

教师：既然小朋友都想买种子，那你们知道我们要卖哪些种子吗？

安安：我知道，有向日葵种子。

瑶瑶：还有大麦、小麦！

西西：有玩具熊向日葵。

教师：小朋友们的记性可真好呀，我们的种子有东北向日葵、狭叶向日葵、矮向日葵、红向日葵、观赏向日葵、玩具熊向日葵以及大麦、小麦等。

幼儿的经验与学习：像陶行知说的那样，“种子般的儿童具有自动生长的潜能和自我生长的节律。”幼儿喜欢接触新事物，从收获种子、讨论处理方法，到卖种子，孩子们出谋划策，大胆分享自己的想法，动手动脑探索劳动中的物体和材料，并乐在其中。

教师的思考与支持：幼儿尝试分工合作，一起制作宣传板，印上自己的手印，讨论、投票决定义卖标志。同样，在活动中，有效利用家长资源，让家长参与进来，传授幼儿买卖经验，增进亲子关系，帮助幼儿总结梳理，形成新的经验，增进家园沟通。

3. 买种子的钱从哪儿来

小朋友们都知道买东西要用钱，可是小朋友们并没有赚钱的能力，没有钱怎么买种子呢？

墨墨：我觉得我们可以用玩游戏的钱来买种子，把假的钱当作真的钱就可以了。

萱萱：我可以跟我哥哥一样赚钱，每次我哥哥帮助爸爸妈妈做事情，我妈妈就会给他钱。我们小孩子可以这样赚钱的。

萱萱的话引起了很大的共鸣，有部分小朋友说他们有过这样“赚钱”的经历，于是他们决定采用家务劳动换取活动资金的办法。

我们预先向家长发出邀请函，说明了活动相关情况，每个小朋友需要通过家务劳动赚取 5 元钱。这一行动获得了家长的大力支持。家长与幼儿一同制订家务劳动赚钱计划，鼓励幼儿多多进行家务劳动，并对幼儿的勤劳给予肯定。小朋友参与活动的热情高涨。

祺祺妈妈：我们家祺祺做家务的时候说赚钱可太不容易了。以前他在家是什么事情都不愿意帮忙的，现在愿意来帮忙了，没有“赚钱机会”也愿意来帮忙。

睿宸妈妈：我们家宸宸也是的，愿意做的事情多了，以前我一直觉得他什么都做不好，其实他能把事情做得很棒，这让我对他有所改观。

涵涵爸爸：涵涵有了任务意识，知道要把一件事情做完。获得了“报酬”之后，他还会算算赚到了多少钱，还需要赚多少钱才行。

小航妈妈：家里多了个小帮手，感觉他突然成长了不少，会为自己的目标努力了。

欣怡爸爸：欣怡一直在期待活动的到来。

小朋友们通过自己的劳动赚取了活动资金，也让爸爸妈妈感受到了他们的成长。

幼儿的经验与学习：幼儿在用劳动赚取活动资金的过程中，感受到了父母赚钱的不易，更加能够体谅父母的辛劳。同时，学会很多生活的技能，减少了对他人的依赖。在父母的鼓励和肯定中，幼儿做事会更有积极性，这也是家庭劳动教育的意义所在。除此之外，幼儿也对钱币有了基本的认知，通过计算对 5 以内加减有较好的理解，钱币的数额在幼儿心目中更加具象化了。幼儿对种子买卖活动的期待值也会增加。

教师的思考与支持：家长通过活动更加直观地感受到了孩子的成长，参与幼儿园活动的积极性有了很大的提升。同时，这一过程给幼儿提供了劳动的机会，发挥了幼儿的主观能动性，幼儿也从中获得了劳动经验和对钱币的认识。

4. 怎样买卖东西呢

班级里开展了一系列前期准备活动。孩子们激烈地讨论着买卖东西的话题……

琪琪：昨天我吃了西兰花，是我和奶奶一起去菜场买的，我奶奶给了老板十块钱，老板找回三块钱。

轩轩：我也和妈妈去菜场买过菜，我们买的是螃蟹，螃蟹是按只卖的，二十块钱一只，好贵啊！

琪琪：蔬菜是按斤卖的，鱼和虾也是按斤卖的，我还发现菜场里的蔬菜摆放得很整齐。

小语：我奶奶很厉害的，她买菜还会还价呢！有一次她买土豆，老板说三块钱一斤，我奶奶说两块五卖不卖，最后真的是两块五一斤买的。

开心：我还和奶奶一起卖过菜呢。我奶奶自己种的萝卜、青菜，我们把菜洗干净，然后摆在桌子上，等人来买。

小语：你们是怎么卖的呀？

开心：我奶奶要帮顾客装菜，再用杆秤称一称，算一下多少钱，我在旁边帮忙整理菜。

我们买东西要先问怎么卖，是按斤还是按个，还可以还价；卖东西，要把东西摆放好，招呼顾客来买自己的东西，服务要热情。原来买卖东西这么有趣呀！

幼儿的经验与学习：幼儿各抒已见，分享经验，所见所说皆来源于生活。幼儿与家长一起体验买卖的过程，知道买菜时要问价、还价，挑菜后付钱、找零等，并将生活中的体验融入课程中，促进人际交往和社会适应。

教师的思考与支持：如何更好地帮助幼儿增强商家和顾客的意识？家长参与到活动中，以日常生活经验帮助幼儿了解不同职业，帮助幼儿了解与自己关系密切的工作，体会这些工作给大家提供的便利，懂得尊重他人的劳动。

5. 绘制义卖展板

“种子义卖”活动的消息一传出，它的热度就一直不减。孩子们围着义卖活动这一话题讨论了很久。对于如何制作展板宣传义卖活动，孩子们提出了自己的想法。

轩轩：我们可以做张海报，在上面画上向日葵，再写上种子义卖。我在超市里看到过。

芮芮：我喜欢纸板做的展板，我们上次那个纸板很结实的，风都吹不走的。

铄铄：这个我知道，我们在纸板上画出我们要卖的种子，大家就知道啦！

芮芮：我们还要在纸板上写上多少钱。

轩轩：我们还要画一些漂亮的边框，画得好看点，别人就会来买我们的种子啦！

在孩子们的建议下，我们用纸板制作了展板，在展板上画了三种向日葵，还在展板上标明了种子的价格。通过投票选择了“清仓大甩卖”作为我们的宣传口号。

幼儿的经验与学习：对于如何制作展板宣传义卖活动，幼儿的想法各不相同。在制作过程中，幼儿能手眼协调地操作材料和工具，如使用双面胶、锤子、剪刀等，在讨论制作展板时，知道了展板上需要呈现的内容，如义卖活动的内容、名称、种子的价格等，能根据自己的生活经验与同伴交流自己的想法。

教师的思考与支持：在活动过程中，幼儿逐渐学会思考，学会解决问题。在制作展板的过程中，家长资源自然融入进来，将课程的局面打开，更具生活性。

6. 包装小能手

教师：小朋友们都和爸爸妈妈一起去超市或者商场买过东西，什么样的商品会吸引你买下它呢？

凯凯：我很想买那个会变形的汽车玩具。

婉婉：我会买漂亮的、好看的。好看的裙子，好看的娃娃，好看的蝴蝶结发卡，我都想买。

教师：有好多个班级和我们一起卖种子，小朋友们觉得怎么样才会让大家喜欢买我们的种子呢？

睿睿：卖便宜一点，就会有很多人买了。

婷婷：不行，我们已经说好了，一块钱一袋。

轩轩：我觉得可以把种子包装得好看一点，这样就会有很多人喜欢我们的种子了。

安安：要有大麦，不然别人不知道我们卖的是什么。

豪豪：还要让大家知道多少钱一袋。我在超市里买糖的时候上面显示了价格。

孩子们你一言我一语，把包装袋上的内容都商量出来了。接下来，孩子们就开始去寻找工具和材料，有胶带、彩纸、牛皮纸、蜡笔，孩子们和爸爸妈妈合作装饰包装袋。有的孩子在包装袋上画下了大麦的样子，有的孩子还给包装袋做了花边装饰。爸爸妈妈也参与孩子的创作，在文字或是粘贴细节方面给予帮助。亲子互动，趣味十足。

幼儿的经验与学习： 在制作之前，幼儿通过讨论调动已有生活经验，主动思考如何让自己的商品更具有吸引力，结合自己逛超市购物的经验，通过自己的观察、尝试，通过交流和倾听，提高了参与活动的自主性和主动性。在制作的过程中，幼儿能手眼协调地操作材料和工具，提升了创造力、想象力及审美能力。同时，家长直接参与活动，体会到幼儿园教育给幼儿带来的快乐。幼儿亲身体验、动手操作，将自己的想法通过设计包装表达出来，并将种子装好，从中体验了劳动的快乐，也锻炼了动手操作的能力。

教师的思考与支持： 家长作为幼儿园课程的重要参与者，是幼儿信息的提供者、幼儿活动的督促者、幼儿园课程材料的提供者、幼儿园活动的参与者、幼儿经验的提供者、幼儿园课程的审议者和评价者。家长、幼儿与教师三者联动，不仅帮助幼儿定价、制作包装与买卖，同时将活动进行有效的延续，将买卖种子之后的活动延伸至家庭。家长在参与活动的过程中，也能获得有效指导幼儿进行家庭种植的具体方法。

7. 种子义卖进行时

（1）卖种子啦

孩子们和爸爸妈妈们配合得十分默契，不一会儿就把全部种子包装好了。瞧，我们多能干呀！带上包装好的种子，种子义卖活动开始啦！

“种子大减价咯！限时抢购，1 元一包，先到先得！”

“走过路过，千万不要错过，快来瞧一瞧，看一看……”

负责卖种子的孩子卖力地吆喝着。宝贝们带着爸爸妈妈穿梭在人流中……

“老板，能不能再便宜点？”小客人讨价还价起来。

“哎呀！这已经很便宜啦！我们的种子可是最好的种子呢！实在不能再便宜啦！”小老板一副羞涩样，坚持不让价。

“那好吧，给我拿一袋吧！”哈哈！交易成功！

孩子们一边收钱，一边递出种子，一边继续吆喝着：“卖种子啦，卖种子啦，只要 1 元钱，1 元 1 包哦，大家快来抢购！”义卖活动气氛继续高涨。

（2）算算“赚”了多少钱

在忙碌与吆喝声中，孩子们通过卖种子赚到了好多 1 元钱，大家都迫不及待地想知道总共卖了多少钱，篮子里放满了沉甸甸的硬币，1，2，3，4……这样数着硬币，最后我们数到了 180。哇，我们班赚了 180 元，孩子们激动地叫起来，欢呼着。

活动结束后，各班老师和孩子们进行点款工作，最后再进行年级组的汇总。我们将义卖资金一并交给资源室的顾老师，请她做好记录，细心的顾老师将义卖款在大厅进行了公示。顾老师用这些义卖款购买了新的劳动工具（如小镰刀等农用工具）。在种植园里，孩子们学会了如何使用种植工具，如何播种、观察、收获，如何更好地照顾植物……

幼儿的经验与学习：孩子们第一次切身体会到了买卖活动的乐趣。幼儿在这个过程中，语言表达能力、沟通能力、自信心、动手能力等都得到了提升，社会体验和交往能力增强了。通过劳动，他们发现生活中许多问题都能够通过数学的方法来解决，体验到解决问题的快乐。通过点数硬币，幼儿理解了数与数之间的关系，并能尝试用“加”的方法来解决问题。在此过程中，幼儿体验到了用数学解决问题的乐趣。

教师的思考与支持：整个义卖活动，都是孩子们独立完成的，保证了本次活动的“原汁原味”。我们播种下希望的种子，收获了孩子们的成长。小小的义卖活动让孩子们在无形中增强了数学运算能力、语言表达能力、合作能力和社会实践能力，也让孩子们体验了生活中一些工作人员辛苦劳动的过程，感受到了劳动带来的收获与快乐！

8. 小种子旅行记——家里的种植故事

孩子们都收获了满满的战利品——小种子，别提有多开心了。带着这些小种子回家，会发生什么样的趣事呢？

细心的安安回家跟爸爸妈妈一起种植种子，他们在浇水时发现一个有趣的问题——种子怎么会从泥土里跑出来呢？通过和爸爸妈妈讨论与尝试之后，安安发现要慢慢浇水，不然种子就会被水冲出来。就这样，安安的小种子在慢慢发芽……

能干的一一把向日葵的种子带回家，经过播种、发芽、浇水、捉虫、长高、开花、结果，最后收获啦！在整个生长过程中，一一每天观察向日葵，发现向日葵会“摇头”——向日葵的花盘会朝着太阳的方向开放。在妈妈的帮助下，一一还从网上了解到向日葵向阳而生的秘密：在生长素和叶黄氧化素的共同作用下，就会形成向日葵跟着太阳转动的现象。

芮芮一回到家就把向日葵种在了花坛里。在她的照料下，向日葵从小种子，变成小苗苗，再到花骨朵、开花，最后结籽。芮芮发现了许多向日葵的小秘密：向日葵的苗苗是小小的两片叶子；向日葵的根茎粗粗毛毛的；向日葵的叶缘处有锯齿；向日葵又叫朝阳花，因为它喜欢向着太阳；向日葵生长得很快，一会儿就比人高了；向日葵的果实就是我们经常吃的瓜子，向日葵的种子也是向日葵的果实……

最有意思的是“快乐小农夫”智远，他小心翼翼地将最喜欢的向日葵种子带回家，在妈妈的协助下，挖泥土、整平泡沫箱，将向日葵种子取出来后尖头朝上“藏”到泥土里。在等待生长的过程中，智远每天都记录下向日葵的变化，并在其间尝试移盆。经过两个月的时间，向日葵的叶子长得越来越大，叶片也开始变厚，茎也越来越粗，都不会弯弯的了，也初现花蕾了……在他的种植日记中记录着这样的话：今天是我最开心的一天哦！我在向日葵茎的最顶端，发现了几个花苞，这是我第一次看到向日葵的花苞，我想它应该快开花了吧？又或者有这样的记录：向日葵长得好快呀，有两个大尺子那么长了，妈妈说有80厘米呢，太厉害了……

不只是幼儿，家长也在种植活动中，收获了对种植的新理解，拥有了一段生动有趣的亲子时光。在种植的这段日子，家长陪着幼儿一起观察、一起记录、一起发现、一起等待。从播下种子、种子发芽、长高、长出花苞到开花的过程，带来一次又一次的惊喜，这是家长与幼儿的共同经验与收获。

幼儿的经验与学习：家庭种植活动，是幼儿积累经验的过程，也是幼儿园课程活动的延伸，更是家园合作的桥梁。幼儿付出劳动，精心呵护、仔细观察，关注了植物生长过程中的每一个细节，对它的生长充满感情、倾注热情，这是一个获得满足和成就感的快乐体验过程，幼儿亲历了种植这一感性经验，体验到了劳动的快乐，更直观地感受到了劳动的辛苦。家长的参与能使幼儿对活动的参与度更高。在种植的过程中，家长和孩子们一起探讨种植经验和劳动技能，体验共同合作游玩的快乐，促进了家长与孩子之间的情感交流。

教师的思考与支持：对家长而言，种植活动也是其收获育儿理念和能力的源泉。幼儿观察和家长记录种植故事或分享收获的成果等，对于家长理解幼儿在种植中的学习和发展具有重要的作用。大自然真的是一本活教材，旁人再精彩的讲述也比不上孩子通过亲身实践获得经验来得更有趣、印象更深刻。种植后的迁移与拓展同样重要，家长也可以引导幼儿通过绘画、儿歌、制作书签等多种形式将已有的经验或结论展示出来，促进幼儿的全面发展。种植是重要的劳动，可以给幼儿带来很多经验，这些经验可以进一步促进种植及其他活动的开展。

本次活动以种子为线索，通过观察、制作、种植等实践活动来感知种子的外形及生长规律。在家长的协助下，幼儿初步了解到春天的种子有很多种类，它们有的是豆豆，有的是小苗，有的还能做菜吃……激发了幼儿无穷的探究兴趣。通过义卖活动，幼儿学会了在生活中运用数学知识，懂得了不铺张浪费，更重要的是学会了种子的再利用，感受生命的循环。我们利用义卖款购买了新的劳动工具，让幼儿在园内的种植实践中边操作边学习，体会到工具在人们生活中的作用及工具为人们的生活带来的便利。种植活动，不仅能使幼儿掌握简单的种植技能，更重要的是能培养孩子的爱心、耐心、责任心以及观察、比较等多方面的能力。幼儿播种的是向日葵籽，更是满满的希望。在家中，幼儿和爸爸妈妈一起参与种植，一起照料小种子，主动做观察记录、在比较中发现种子发芽时间的早晚等，整个活动中幼儿的自主性都很高，在大胆尝试、亲自实践中发展了动手、动脑、观察、比较等多方面的能力。

生活是最好的教育。本次活动不仅是劳动，更是一次有温度、有情感的活动，是幼儿、家庭与学校三位一体的有机融合。幼儿在种植的过程中收获的不仅是能力和知识，更是一种情感和态度。义卖传播的是种子，更是种植文化在家庭的传播。

小小的种子，实现了家园、亲子的交流，也将种植劳动与家务劳动进行了巧妙的联结。“赠人玫瑰，手有余香；奉献种子，收获希望”，家长在与幼儿共同活动的过程中，感知符合幼儿年龄特点的学习方式，收获了科学的、具有可操作性的家庭教育方法。

二、主动放手，丰盈幼儿的成长空间

父母是孩子成长中最亲切的老师。孩子劳动知识与技能的获得、劳动习惯的养成、劳动精神的形成、对劳动成果的尊重等，都离不开家庭劳动教育。因此，家长应不断开拓思维、创造条件，使孩子愿意劳动、乐于劳动、善于劳动，充满自信地接受学校与社会中的挑战，进而成功地融入学校与社会。

以下是家长参与劳动教育后的点滴感悟：

家长感悟（一）

平时在班级群里时常看到班级老师分享的幼儿在园劳动的点滴；在家长会和家园互动活动中更是有园领导主动向家长们宣传学校的育人理念。作为一名家长，我很认同这样“接地气”的育儿理念！

暑假里，我们发现孩子经历了一年的幼儿园学习生活后，劳动能力有了很大的提升。首先，孩子非常注重卫生，能够完成基本的自我服务。不仅饭前便后自己洗手，还会清洗洗手池、清理自己的小马桶。同时基本自主完成穿脱衣物。其次，孩子学会了帮助家长分担家务。先是申请了专属自己的小扫帚、小拖把，然后在每周家庭大扫除的过程中，会主动承担部分工作；每天早上起床后会整理被褥，有时甚至会主动帮父母整理被褥；学会了淘米洗菜等厨房工作，成了家里的贴心小帮手；疫情防控期间，主动整理相关防疫物资，并主动提醒大人外出佩戴口罩、出示苏康码，这一点也非常难得。

我始终认为，劳动教育可以让孩子从小树立正确的劳动观形成良好的劳动态度，这对于今后价值观的形成有着重要的作用。在最纯真无邪的阶段，除了放开身心去享受童年，孩子也应当通过劳动来培养自己的责任感和担当意识。

小一班柳依霏家长

写于 2021 年 8 月 13 日

家长感悟（二）

劳动教育是幼儿主动与周围世界发生互动的过程。对于学龄前的孩子来说，劳动更像是一种游戏。孩子小时候看着我整理衣物，喜欢找出袜子进行配对。她还会把自己的衣服和大人的衣服分类，有时候还拿着小衣架尝试晾衣服。

上幼儿园之后，孩子对劳动的热情也日益增长。这些得益于幼儿园里一系列的劳动教育活动。她慢慢开始学着整理自己的书包，慢慢开始整理内务，还会跟我分享叠被子的方法，跟我分享在园里参与的活动……我印象最深的是野炊。孩子回来不停地说自己在烹饪组做了洗菜、切菜等一系列的工作。她还提及有的小朋友负责洗米，有的负责生火、做饭。可以看出，她不仅在野餐中收获了快乐，还学会了与人合作。我家孩子从小喜欢厨房游戏，她也曾立志要做一个厨师。小时候经常用我买的仿真厨房用品假装做各式菜肴。现在家里择菜、剥豆子、剥玉米之类的工作就是她负责的。还记得有次孩子自己要求削苹果，我就递给她削皮刀。她学着我的样子，有模有样地干起来。她啃完自己削的苹果接着给我削了一个，并一个劲儿地催我快点吃下。看着我吃下她削好的苹果，她高兴得又蹦又跳。

从小班到中班，我们听闻幼儿园里开展了丰富多彩的劳动教育活动，这些活动都是以树立并践行劳动育人思想为出发点，以培养完整儿童为根本旨趣。这些活动培养了孩子的劳动意识和劳动能力，并帮助孩子养成良好的劳动习惯，从而为提高孩子生存能力和创造美好的生活奠定了良好的基础。在今后的生活中，我们会更加关注孩子的劳动教育。相信通过家园共育，孩子会获得更丰富的劳动体验，也会积累更丰富的劳动经验，并形成积极的劳动情感，让“我劳动，我光荣”的思想伴随孩子成长。

中七班周与陈家长
写于 2021 年 8 月 14 日

家长感悟（三）

依云已经顺利完成了幼儿园学习生活。孩子在享受假期生活的同时，也在日常生活中帮助爸爸妈妈做一些力所能及的家务。依云每天都会自己收拾房间：起床后把自己的被子叠好，整理好自己的小床、书桌……还会帮助家人扫地、倒垃圾、洗碗、洗自己的衣物。虽然都只是一些小小的举动，但也让她感受到了劳动的不易，更让她体会到父母为家庭的付出。

劳动最光荣。哪里有劳动，哪里就结满了最美丽的果实！学校也注重孩子的劳动教育：做手工时自己准备材料；活动结束后自己整理桌面；区域游戏后自己动手整理玩具、材料；定期举办一些自我能力活动展示等等。

付出总有回报，通过“家校互动，亲身体验”，孩子们在劳动中成长，学会感恩。看着依云忙碌的身影，相信她的未来生活一定丰富多彩！

大五班姚依云家长
写于 2021 年 8 月 13 日

幼儿的发展是在直接感知、实际操作与亲身体验的过程中实现的，家长的发展亦是如此。家长在参与幼儿园社群服务劳动实施的过程中，真正了解了幼儿园社群服务劳动课程的意义与价值，了解了幼儿的需要以及教师与家长在幼儿发展过程中所承担的角色和发挥的作用。例如，有一位小班幼儿的母亲，有一个阶段总是处在自我矛盾中，因为孩子每天回家都抢着“劳动”。孩子愿意劳动，家长本应该觉得高兴，但是孩子劳动后的现场总是混乱不堪，使得这位母亲十分纠结。这位母亲在与老师进行沟通后得知，不应注重结果，而应看到幼儿在劳动的过程中所收获的经验与技能，同时可以通过一些有趣、有效的方法与幼儿一起快乐劳动，如加入童谣、儿歌。于是，这位母亲便不停地上网搜索一些有关劳动的儿歌，有时根据规范的操作步骤编顺口溜。后来，这位母亲告诉班级老师，在不注重结果，快乐陪伴孩子劳动的过程中，不仅孩子越来越爱劳动、越来越会劳动了，自己也更放松、快乐了。这就是家长的发展，不断地学习、反思、调整与自我完善。在此过程中，他们不仅成了好父（母）亲，更成就了越来越好的自己！

第六章

社群服务劳动教育评价

劳动教育是新时代党和国家对教育的新要求，是全面发展教育体系的重要组成部分。劳动教育既是孩子当下生活的需要，也是孩子未来生存的需要，更是让孩子更好发展的需要。劳动教育评价影响着新时代的劳动教育改革和劳动教育质量提升。2020年10月，中共中央、国务院印发的《深化新时代教育评价改革总体方案》提出加强劳动教育评价并深入贯彻落实，有利于全面系统地落实新时代劳动教育政策，切实保证劳动教育提质增效。

《纲要》提出："教育评价是幼儿园教育工作的重要组成部分，是了解教育的适宜性、有效性，调整和改进工作，促进每一个幼儿发展，提高教育质量的必要手段。"我园将社群服务劳动的评价纳入课程实施方案评价体系，运用可行的科学手段，通过系统收集信息、分析解释、对教育现象进行价值判断，从而不断优化劳动教育、落实社群服务劳动；通过对社群服务劳动的多元评价，提高幼儿劳动的主动性和积极性，培养幼儿热爱劳动、乐于助人、主动探究、独立思考、团结协作、坚韧耐心等劳动品质；同时帮助幼儿树立正确的劳动观和价值观，陶冶幼儿尊重劳动人民、爱惜劳动成果的高尚情操。

第一节
评价的内容

劳动教育评价是对劳动教育活动进行价值判断的过程，旨在保障并引导劳动教育有质量地开展。依据《纲要》，幼儿园社群服务劳动评价可以参考以下几个方面：

（一）教师制订的社群服务劳动计划和目标是否符合本班幼儿发展情况，是否从幼儿的实际出发，考虑其生活经验、技能水平和认知能力等。

（二）社群服务劳动能否为幼儿提供有益的学习经验，并树立正确的劳动态度。

（三）社群服务劳动的方式、策略、环境条件是否能调动幼儿学习的积极性。

（四）社群服务劳动的要求能否兼顾集体需要和个体差异，使每个幼儿都能得到发展，都有成就感。

（五）教师的指导是否有利于幼儿主动、有效地参与社群服务劳动，是否能帮助幼儿独立思考、解决问题。

社群服务劳动教育评价是对社群服务劳动进行价值判断的过程，旨在了解社群服务劳动的适宜性、有效性，帮助教师及时调整和改进活动过程，促进每一个幼儿发展，提高劳动教育质量。评价内容可以分为劳动目标和计划、劳动过程及劳动效果三个方面。

一、对社群服务劳动目标和计划的评价

社群服务劳动计划是对幼儿劳动的整体规划，教师根据本班幼儿的现状，了解幼儿已有的生活经验、动手能力、认知能力等，依据《指南》和儿童发展特点，预设目标和计划。

（一）劳动目标和计划要体现劳动教育的价值

所谓“劳动教育的价值”是指幼儿通过劳动获得劳动知识与技能、劳动习惯与品质、劳动情感体验这三个维度的经验。劳动教育目标的确定，要围绕培养幼儿学习品质和情感体验的核心，根据不同区域、不同资源、文化差异、经验基础等，从幼儿的兴趣出发，将劳动教育目标细化到劳动计划中。

（二）劳动目标和计划要符合幼儿的身心发展特点

3—6岁的儿童不同于中小学生，其处于由不成熟逐渐发展至成熟的阶段。由于社群服务劳动是个人面向他人的劳动，因此教师在制订劳动目标和计划的时候更需要考虑所在班级幼儿身心发展情况，在充分了解幼儿已有的劳动经验、基础认知和社会交往等综合情况后，才能科学地制订目标和计划。

（三）劳动目标和计划要兼顾群体和个体差异性

幼儿的发展存在个体差异，其发展是一个持续、渐进的过程，同时也表现出一定的阶段性特征。每个幼儿对于同一事物的接受程度不完全相同，因此教师在制订劳动目标和计划的时候，需要考虑不同发展层次的幼儿。教师可以层层递进，以循序渐进的方式，引导幼儿从原有劳动水平向更高劳动水平发展，切忌以“一刀切”的方式教育所有幼儿。

二、对社群服务劳动过程的评价

社群服务劳动过程是指幼儿接触社会、深入生活、参加各种形式的公益劳动的过程。对劳动过程的评价可重点关注以下几个方面。

（一）劳动内容的社会性

《意见》明确提出：“把劳动教育纳入人才培养全过程，贯通大中小学各学段，贯穿家庭、学校、社会各方面，与德育、智育、体育、美育相融合”。社群服务劳动具有强烈的时代特征与社会属性，带有鲜明的利他性。幼儿劳动价值观的培养不是通过简单地说教，而是需要通过直接感知、实际操作和亲身体验。社群服务劳动支持幼儿深入生活、接触社会、参加公益活动，能培养幼儿助人为乐、热爱劳动、尊重劳动人民的良好品质，帮助幼儿形成基本的社会责任感和归属感。

示例：

我园在实施社群服务劳动期间，受到了新冠疫情的影响，这对于教师、幼儿及社区来说，都是一个挑战。胥江河是京杭大运河相接的主要河道，胥江欢乐广场是胥口人流量最大的生活广场。有幼儿发现胥江河道内漂浮着各种垃圾，提出“要告诉广场上玩的人，不要乱扔垃圾，要保护环境”。受防控要求制约，在不便聚集的情况下，我们采用将小视频制作成二维码的形式，帮助幼儿完成宣传任务。现在在胥江欢乐广场上还能看到宣传环保理念、文明行为的二维码，其中有幼儿录制的《胥江河的故事》、生动有趣的环保儿歌和童谣等，扫一扫就能听到孩子们清脆稚嫩的声音。在广场玩的时候，幼儿会邀请父母和家人扫一扫，呼吁大家保护环境。

（二）劳动方式的创新性

社群服务劳动从自我服务向为他人服务转移，幼儿的社交对象增加，思维方式也逐渐发散并“壮大”。在不断的沟通交流中，幼儿开始探索、研究新事物，开始发现问题，提出质疑，不断尝试，不断创新。由此可见，劳动教育可以激发幼儿的想象力和创造力。从自身到他人，从家庭到幼儿园，从幼儿园到社会群体，处于不同环境中的幼儿，可以亲身体验到新时代的高科技魅力，感受现代化数字信息技术、人工智能技术等给人类带来的便捷与舒适。由此可见，劳动教育蕴含着重要的“学习价值”，能够为幼儿提供丰富的感知、操作机会，使他们在各种操作活动中获得认知发展；劳动教育能激发幼儿大胆创新，学习新事物，适应社会发展；总之，适宜的社群服务劳动教育是实现新时代幼儿身体、心理以及社会性等和谐发展的重要方式。

（三）劳动过程的互动性

在劳动教育过程中，幼儿的行为表现和发展变化具有重要的评价意义。参加社群劳动的幼儿可能面对不同年龄、性别、行业领域、文化、地域等形形色色的交往对象。幼儿在交往中，学习与人相处，学习如何看待自己、对待他人，不断发展适应社会生活的能力。幼儿在积极的人际关系中获得安全感和信任感，发展自信和自尊，在良好的社会环境及文化的熏陶中学会遵守规则，形成基本的认同感和归属感。教师可以通过观察劳动中幼儿与他人进行社交的表现、幼儿的作品等方法，评价幼儿的社会能力发展。

教师在评价中要关注幼儿的发展过程和发展潜能，鼓励幼儿讲述身边的劳动故事、分享劳动成果和经验、记录自己的劳动故事等，了解幼儿的劳动发展情况。通过多元的记录评价，发现幼儿对于劳动的认可和热爱程度，以此鼓励每一个幼儿从自身原有的劳动基础出发，发展个人劳动素养。

以“劳动之星”评选为例：

1.“劳动之星”是什么？

开学迎新周，各年龄段幼儿可以展示自己在假期的劳动小成果或本领，例如，假期中制作的手工作品和收集的废旧材料。同时，积极参与新学期清洁整理劳动任务，给心目中能干的“劳动小能手”投上一票。开学周的劳动评价可以延续到整个学期，在幼儿园的教室环境里有劳动小能手的记录墙，幼儿随时可以将自己学到的劳动本领和成果记录下来，定期分享、点赞，赢得学期末的“劳动之星”奖状或积分兑换的劳动小奖品。

2.“劳动之星”做什么？

定期在线上上传自己的劳动成果，积极参加家庭和幼儿园的劳动，获得爱劳动贴纸和线上积分，通过积分记录表了解每个幼儿参与劳动的情况。

大年龄孩子每日会记录劳动的内容并和同伴、家人分享，小年龄孩子每周或每月会由爸爸妈妈上传自己学到的劳动新本领照片或视频，获得积分奖励。

3.“劳动之星”是谁呢？

每学期结束，幼儿园会颁发“劳动之星”奖状，让幼儿感受成为“劳动之星”的自豪感；幼儿日常结合劳动职业有关的主题活动，讨论劳动者与我们生活的关系，体会普通劳动者的崇高与伟大，用投票的方式寻找自己身边积极劳动的小伙伴。

同时，幼儿发展评价的目的在于充分、全面、客观地了解幼儿的现有发展水平。教师通过每学期期末幼儿在园情况汇报单，了解幼儿发展的需要，发现幼儿的优势和不足，并以此为依据来合理调整接下来的教育目标与策略，为幼儿提供适当的帮助和指导，从而促进幼儿在原有基础上的不断发展。那“劳动之星”是怎么选出来的？中班组老师有很多好办法。

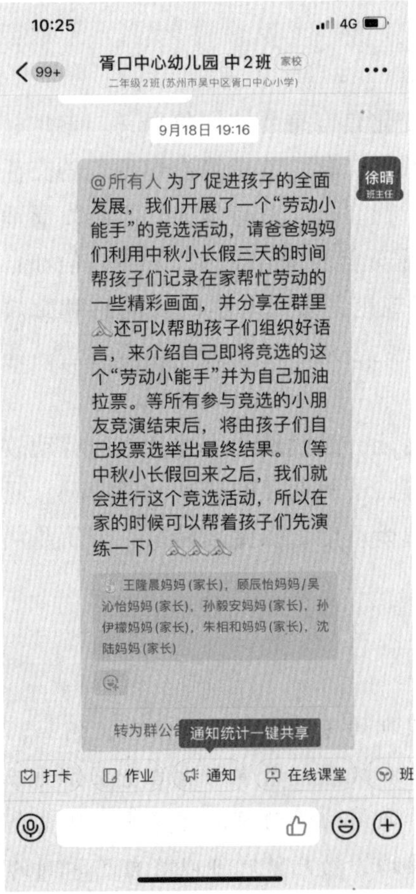

（1）“劳动之星”竞选

教师邀请家长利用假期的时间，鼓励幼儿在家做一些力所能及的劳动，用手机记录幼儿的精彩劳动瞬间，并上传到班级群。

同时，请家长们帮助幼儿一起梳理假期劳动感受，为“劳动之星”竞选做准备。假期结束后，通过“劳动之星”竞选活动，让参与竞选的幼儿发言，发言内容主要分为两方面：一是介绍照片或者视频中的自己在干什么，二是说说自己是怎么做的。

（2）幼儿投票

幼儿可以为自己竞选的“劳动之星”拉票，有的班级通过幼儿投票选出一个值日生管理员，监督和安排值日生的工作。管理员根据值日生的表现，选出值日生做得好的幼儿，在值日生光荣榜上贴上特殊的贴纸，也可组内推选做得好的值日生，贴上特有的值日生贴纸，最后教师与幼儿一起在值日生光荣榜上找到特殊贴纸最多的小朋友，即为“劳动之星”。

在整个“劳动之星”评选的过程中，幼儿自主进行讨论、设计、统计，初步培养了合作解决问题的能力，获得了满满的体验与成就感。

三、对社群服务劳动效果的评价

归根结底，劳动教育是为了提高幼儿的劳动素养。劳动教育作为一种实践活动，为幼儿提供了亲身体验的机会，不仅可以增强幼儿的体魄、形成良好的心理品质，还能使幼儿在劳动过程中获得认知发展、积极的情感体验、独立的个性以及良好的社会适应性等。劳动教育的主体是幼儿，评价是为了改进、完善、激励和提升，进而改变师幼关系的发展模式。这里从幼儿的劳动认知、情感与态度、能力这几个方面来评价。

（一）认知的发展

幼儿在良好的环境和教育的影响下，能形成初步的品德行为，并且在与同伴的交往实践中，练习各种积极的交往方式，运用掌握的为社会和他人所许可的社会行为，发展社会交往能力与适应能力。在劳动学习中，幼儿通过与成人和同伴的交往，不仅学习如何与人友好相处，而且学习如何看待自己、对待他人，不断发展适应社会生活的能力。幼儿的社会性主要是在日常生活和游戏中通过观察和模仿潜移默化地发展起来的。劳动活动中由幼儿单独完成一个项目可能在时间和技能上会遇到一些困难，因此分工合作尤为重要。在劳动活动开始前，幼儿可以自主商量会有哪些任务，选择喜欢的任务来完成。如在大班“好吃的汤圆”这一活动中，有的幼儿选择帮忙揉面，有的称重，有的调制馅料，有的搓“碗”状的面团，有的负责包汤圆，在美食屋围成一个“大圆”。完成这些任务的同时，幼儿也可以观察到其他同伴正在完成的任务，并且可以选择和同伴交换任务。幼儿喜欢模仿，模仿是幼儿社会学习的重要方式。幼儿可以在自己不熟练某个任务的时候请求教师和同伴的帮助，也可以互相交流自己的劳动经验，获得更熟练的劳动技能。

（二）情感与态度的发展

有些幼儿在劳动时缺乏主动性，这是因为教师没有让幼儿在参与劳动的过程中获得对自身价值的认识，而是简单地叫幼儿去做这个做那个，没有重视幼儿劳动的情感体验和过程中的教育。幼儿对整个劳动过程没有清楚地了解，只是机械地完成任务。久而久之，幼儿慢慢地把劳动当成一种任务和负担。其实劳动对培养和发展幼儿健康人生有着积极且重要的意义。教师应形成正确的劳动培养观，引导幼儿形成正确的劳动心理。如坚持顺应幼儿劳动的愿望，劳动过程中给予幼儿充分的认可和赞赏，使他们萌发积极劳动的情感，帮助他们养成爱劳动的好习惯，体验劳动带来的辛苦和快乐。我们可以让枯燥的劳动变得富有趣味性，如比比谁最快、谁最厉害……让幼儿保持劳动热情，使幼儿在比赛的过程中有一种成功感，从而在轻松愉快的状态下进行劳动。幼儿刚开始接触劳动的时候，还没有劳动的概念，需要在不断地参与劳动的过程中逐渐形成劳动的意识。教师可以采用一些策略，如给主动参与和主动劳动的幼儿以赞美和肯定，慢慢渗透“劳动”这一概念，让幼儿感受劳动的光荣。幼儿只有从力所能及的劳动中体验到成就感、愉悦感，体会到劳动成果的来之不易，才会乐于劳动、勤于劳动和尊重劳动；只有在劳动中不断思考、不断练习，才能锻炼自己的劳动能力；只有体验到劳动为他人带来方便的满足感，为他人服务的劳动意识才会生根发芽。

（三）能力的发展

劳动能促进幼儿大肌肉和精细动作的发展，发展幼儿体能。比如，劳动中幼儿有时候需要走或跑，转换劳动场地，这样在劳动中提高了运动量，也锻炼了肺活量。同时劳动能促进幼儿在数学、空间等领域的发展，比如，让孩子摆碗筷，既锻炼了幼儿判断左右、单双数的能力，一一对应的能力——根据家中人数判断多少人需要多少副碗筷，还锻炼了幼儿尝试运用数字解决日常生活中问题的能力，体会数学的用处，为“幼小衔接”打好基础。劳动能帮助幼儿养成良好的习惯，培养良好的情绪，学会乐于助人，体验责任感。比如，在班级自然角中和小组同伴一起照顾植物；在百耕园和饲养角中，和同伴一起体验种植农作物，照顾小动物。在照顾动植物的同时还能关注和思考动植物的外部特征，体验到自己的任务与责任，初步培养责任感。与此同时，幼儿的参与状态和参与程度直接影响着劳动活动的效果。劳动不仅要求幼儿动手操作，更需要幼儿动脑来发现和解决问题。而幼儿园的活动以游戏为主，这就要求教师尽可能像设计其他集体活动一样，在劳动中可以设置一些劳动情境和游戏情节，吸引幼儿积极参与其中，不仅能锻炼幼儿手部的精细动作，也能丰富幼儿的探索精神和劳动经验储备。

劳动还能促进幼儿思维的发展。“心灵手巧，手巧心灵”是对动手能力与思维的一种基本认知。在活动中发展幼儿思维，就需要幼儿经常去参加劳动，这样劳动中的经验可以不断迁移，累积成新的经验，不断发展幼儿的思维。劳动中还需要团结协作，幼儿不仅要单独参与劳动，有时候还需要依靠团体的力量来完成劳动任务。劳动教育的目的不仅仅是掌握简单的劳动技能，还包括促进幼儿思维能力的发展。幼儿在参与劳动的过程中遇到的一系列问题，是发展其思维能力的良好契机，在发现问题和解决问题的同时，幼儿的思维能力也得到了提高。在劳动活动中，幼儿的思维能力可通过幼儿的语言是否流畅、有条理，是否能用自己的语言清楚表达想法，是否能猜测、质疑问题，是否能想办法验证自己的想法等表现出来。教师需要跟随幼儿兴趣、观察幼儿，在幼儿思维发展的临界点，给予必要的支持和引导，帮助幼儿获得新的学习与发展。例如，在采枇杷过程中，幼儿发现长在顶端的枇杷又大又黄，但够不着。这时教师可以通过调查、谈话、认识各种劳动工具等方法，引导幼儿从延长采枇杷的“手臂”、增高采枇杷的高度等不同办法拓宽幼儿的思维方式，帮助幼儿学会积极思考、迁移经验，以达到更好的学习与发展效果。

第二节
评价的主体

幼儿园教育评价是幼儿园工作的重要组成部分，也是进一步提高幼儿园教育质量的重要途径之一。《纲要》对幼儿园教育评价，特别是对幼儿发展评价以及教育适宜性评价提出了更高、更具体的要求，体现出多元化的特征。这样的教育评价不仅有利于教师听取各方面的意见，而且能使家长和社会更好地了解被评价者的优势和不足，从而真正实现“评价过程是各方共同参与、相互支持与合作的过程”这一目标。

一、幼儿的自评

幼儿可以记录自己在劳动过程中的感受和体验，在评价的时候也要注重评价活动全过程。儿童学习的过程就是评价进行的过程，幼儿的有心记录会为接下来的课程发展提供有效的过程性资料。了解幼儿劳动中的经验获得和如何解决问题比单纯地参与一项劳动活动更有价值。教师应把注重评价效果转变为注重过程的全面评价，去观察和接纳幼儿，寻找和发现幼儿身上的闪光点。

例如，劳动节，各班由班级老师和幼儿共同制订劳动清单和任务，完成后通过“五个一”来评价。一张照片，将自己的劳动瞬间拍摄下来上传至班级劳动分享群；一句话，向周围为自己幼儿园和社区辛苦劳动的大人们说一句节日慰问的话；一次行动，节日里参与一次家庭劳动，并帮助大人一起完成；一份记录，记录自己眼中最美的劳动模范形象，可以是熟悉的人，也可以是生活中看到的劳动模范；一个手势，给自己或同伴的劳动成果点赞。

二、教师的评价

《纲要》指出：“评价的过程，是教师运用专业知识审视教育实践，发现、分析、研究、解决问题的过程，也是其自我成长的重要途径。”社群服务劳动是否对幼儿的身心发展有效，是否有意义，也需要教师不断地对幼儿进行评价。在一个活动结束之前，或者一个活动的某一阶段，针对活动中可能产生的一些问题，教师应当驻足思考，引导幼儿继续进行活动，并探索解决方法。这样的评价能让活动更加有效，也更能抓住幼儿的兴趣点，尤其能促进幼儿在劳动过程中获得优良品质和情感体验。

例如，评选“劳动之星”的前期，小、中、大班各年级组教师通过课程审议，总结了一些适合各年龄段幼儿在家进行的家务劳动，并邀请家长用照片或视频记录孩子们的劳动瞬间，进行劳动打卡，对坚持参加劳动的幼儿进行表扬鼓励。在竞选“劳动之星”的时候，教师鼓励幼儿大胆在同伴面前展现自己，结合自己的劳动照片说说自己参与的劳动，劳动过程中做了哪些事情，教师也可以结合假期中幼儿参与的劳动进一步鼓励幼儿做出价值判断。教师对幼儿的评价，应该是科学的、合理的评价，是能激发幼儿自信心、保护幼儿自尊心、调动幼儿学习主动性和积极性以促进幼儿发展的评价。《纲要》指出：“全面了解幼儿的发展状况，防止片面性，尤其要避免只重知识和技能，忽略情感、社会性和实际能力的倾向。”因此，在劳动活动中教师的评价要将平时的观察和幼儿的各种作品等作为重要依据。关注幼儿的个体差异，避免用统一的标准评价所有幼儿，在幼儿面前慎做横向比较，促使评价为育人目标服务，实现综合评价促进幼儿全面发展。

三、家长的参评

当劳动走出幼儿园，回归家庭，走向社会，它又被赋予新的意义。家长应注重幼儿劳动习惯的养成，以监测和督促为主，帮助幼儿树立正确的劳动价值观。例如，大班“家务劳动”清单包括“学习清洗简单小物品，如小毛巾、小袜子”“坚持帮家人盛饭、摆碗筷”“学会整理书柜、书架”等，家长可以借助视频、照片与文字等形式，记录幼儿的劳动情况，借助“成长足迹”进行反馈与分享，培养幼儿成为尊重劳动、热爱劳动和以劳动为荣的社会小公民，推动幼儿健康快乐地成长。

集赞卡（以大班劳动为例）

分类	具体内容	你能得到几个赞		
		我来点赞	老师点赞	家长点赞
自理小达人	1. 整理自己的书包、玩具			
	2. 折叠衣服、被子			
	3. 清洗毛巾、袜子			
厨房小助手	1. 菜谱介绍			
	2. 摆放餐具			
	3. 清洁、整理桌面			
清洁小能手	1. 打扫室外包干区			
	2. 清洁运动器械			
	3. 进行垃圾分类			
种植小园丁	1. 照顾自然角			
	2. 种植地除草、松土、浇水			
	3. 使用合适的劳动工具			

第三节
评价的方式

作为一个独立、完整的个体，幼儿的发展具有阶段性和连续性。我们强调教师持续追踪幼儿的劳动过程，注重采用过程性评价评估幼儿劳动的质量。我园以社群服务劳动课程为抓手，以幼儿园劳动教育目标、内容要求为依据，倡导“立足过程，促进发展”的课程评价，强调建立“基于儿童视角”及“促进幼儿全面发展”的评价体系，探索活动组织形式的渗透评价，使劳动活动更有趣，并从多元角度思考基于儿童视角的评价如何落实。

教师用观察、文字描述、影像等方式把幼儿整个劳动过程记录下来，包括幼儿的动作、语言、表情等，再对其进行分析与反思，最后做出评价。在开展形成性评价的过程中，我们创设积极开放的评价环境，综合运用多元评价方法，构建多重评价主体，多维度解读活动，促使幼儿始终保持参与活动的热情，实现更加深入的探索和学习。

一、劳动记录本

劳动记录是幼儿在每次参与劳动或者服务性活动后需要完成的一件事，是幼儿对劳动过程的记录，主要包括幼儿记录、文字注释与照片记录三个部分。幼儿记录部分需要幼儿用绘画或符号的方式将劳动过程或劳动发现呈现出来。有时候幼儿的绘画表征不是很形象，可以请教师或家长帮忙用文字记录幼儿的表述，文字注释能表现出幼儿的情感和内心想法，以及同伴交往和劳动时的发现、面对的困难、采用的解决方法等。照片记录部分是将幼儿当日劳动时的照片冲洗出来并粘贴好，以更生动的方式展现幼儿的劳动过程。

大班幼儿劳动记录：

幼儿在园除草、浇水活动

幼儿社区送祝福活动

除此之外，劳动记录本不仅能帮助幼儿自主创新地去感受、去体验、去学习，而且给幼儿提供了一个可画、可记录、可表达的学习环境，促进幼儿语言表达能力和前书写能力的发展。

二、劳动分享会

《指南》明确提出：“幼儿在运用语言进行交流的同时，也在发展着人际交往能力、理解他人和判断交往情境的能力、组织自己思想的能力。”在进行分享会的活动中，幼儿有比其他活动更多的表达和交流的机会，氛围也更加宽松自由，他们更能毫无顾忌地说出自己的真实感受和想法，能获取自己所不熟悉、不知晓的新知识、新信息，扩展学习的范围。下面的劳动分享会案例就是幼儿在“修补山洞”中的一个小片段。

在经过了前期一系列对材料的探寻与修补方式的尝试后，我们在进行山洞修补的过程中发生了一些有趣的事情，我们来听听孩子们的分享吧。

昕睿：我把沙子、泥土和水放在一个桶里面，搅，搅，搅，就变成水泥了。

悦悦：以前我看爷爷和水泥，觉得好脏啊，没想到还挺好玩。

洋阳：搅拌水泥的时候好像火山爆发呀，超级好玩的。

乐乐：要一直搅拌，不能停的。

瑶瑶：和水泥像和面一样好玩。

夏夏：我和辰辰一起去找小石子了，他扶住小推车的一侧，我推过去送给工人用。

宇成：水泥已经变色了，变色了就说明干了。

漠凡：补上的地方已经全部干透，水泥也变得硬邦邦的。

锦杰：我在山洞边上还放了警示牌，提醒其他小朋友正在施工，请勿靠近。

随着社会的发展，“服务”被不断赋予新的意义，“服务”包括为自己与为他人、社会服务两层含义，指为自己、他人、社会做事，使自己与他人从中受益的活动。修补幼儿园的山洞，就是在为幼儿园做事，为幼儿园的小朋友服务。活动中，幼儿通过动脑、动手、出力、出汗、出智慧，将搅拌水泥的过程形容成火山爆发、和面……幼儿从刚开始觉得搅拌水泥是一件很“脏”的活，逐渐体会到了不一样的乐趣，觉得这是一件“趣”事，并将自己搅拌水泥的方法用语言清晰地表述出来，同时也丰富了其他参与活动幼儿的经验，让大家感受到劳动的乐趣。在劳动分享会中，幼儿能细心地观察水泥从湿到干的变化并大胆说出自己的判断。通过他们的劳动分享，我们知道：每位幼儿在劳动中的发现和所参与的分工，并体验到分工合作所带来的快乐，体验到努力过后的成功，体验到劳动的真正价值。劳动能培养幼儿观察、动手、动脑的习惯，并能通过幼儿的分享和自我评价，最后形成劳动技能，提高劳动素养，养成良好的劳动习惯。

苏霍姆林斯基曾说：“离开劳动，不可能有真正的教育。”孩子们天生就有劳动的意愿，它不仅能锻炼幼儿的肌肉动作、身体协调性，还能深刻地影响他们的性格养成、人际交往，让幼儿养成爱劳动的好习惯。幼儿在动手修补山洞的过程中，会遇到很多问题，需要去解决，与伙伴们共同商量讨论，不断增强坚持性和意志力，通过沟通交往，体验劳动者的付出，懂得珍惜自己的劳动成果。

三、儿童作品分析

《纲要》明确指出：“幼儿的创作过程和作品是他们表达自己的认识和情感的重要方式，应支持幼儿富有个性和创造性的表达。”幼儿作品，包括绘画作品、语言作品、手工作品等。作品分析是针对幼儿已完成的作品，并结合幼儿完成的过程，对幼儿在动作技能、情绪情感、认知、创造力等方面的评价。幼儿作品可以反映幼儿的学习、心理状态和能力发展等，也能客观反映幼儿的精神世界、对劳动的认知等。在幼儿创作过程中还能看出幼儿的个性、合作性、学习品质等。以“垃圾机器人”活动为例，幼儿通过设计图纸、分工合作、互相学习的形式，利用废旧物品，制作了垃圾机器人模型。

垃圾机器人

莉莉：我设计的是管道分类垃圾，把垃圾放到下面的架子里，然后架子上有4个管道，管道上画有垃圾桶的标志，垃圾就会从不同颜色的管道，输送到同样颜色的垃圾桶里。这样白云就不会被污染了，就会白白的！

教师的解读：这是小朋友根据垃圾分类的经验设计的垃圾机器人。幼儿发现实际生活中垃圾分类的困难，想到发明一个可以自动识别垃圾的机器人，并通过

不同颜色的管道输送到相应的垃圾桶里。幼儿能发现问题，大胆想象，尝试用科技改变劳动方式的行为非常棒。当下，置身于信息化社会，面对人工智能等技术变革的新挑战，劳动教育应更加适应未来社会劳动需求培养沟通、应变、探究和创造的能力，并与契约、环保、协作等现代劳动观念建立链接。基于幼儿的设计，教师鼓励幼儿利用废旧物品，尝试制作机器人模型。

幼儿根据设计图纸，分工合作，最后成功做出了垃圾机器人模型。

教师的思考与支持：在幼儿整个的制作过程中，教师始终坚持以幼儿为主体，让幼儿做活动的主人。当幼儿用白色油画棒画的标志很小很浅的时候，教师提出自己的疑问，但是幼儿觉得是可以的。无论是探究活动还是游戏活动，活动的主体都是幼儿，所以教师就没有再追问或者要求幼儿将模型改成教师满意的样子。

四、活动纪实

活动纪实是指对幼儿劳动过程的现状记录，是能客观反映幼儿劳动过程的一种文字描述，我们主要以课程故事、观察记录这两种形式来记录。

（一）课程故事

幼儿园课程故事是幼儿教师以讲故事的形式记录自己在教育实践中发生的真实、鲜活和发人深省的课程事件，表述自己在实践过程中的亲身经历、内心体验和对课程的理解感悟。课程故事与一般故事的区别关键在于课程故事中蕴含着教师对实践的反思、领悟，以及重述故事时的再反思，这种“双重反思”使得教师在撰写课程故事的过程中重新认识教育，意识到自身的教育观念，促进自身观念的更新和教育经验的积累。

课程故事源于孩子们的日常生活，是基于真实问题的探究。在探究过程中，幼儿通过观察、思考、讨论、实践，不仅获得了解决问题的能力，认真专注、乐于探究的学习品质也有了明显提升。作为教师，要大胆放手，尊重、理解幼儿，在关键处及时进行点拨和启发，助推幼儿自主发展。

教师利用课程故事梳理社群服务劳动的活动时，使用描述性语言，将事件原原本本地叙述出来，让课程真实而生动。使用感性语言，从文字中透露教师的情感态度、教育观念，赋予课程故事以美感。在叙述方式方面，教师具有多样化的选择，能将自己对课程活动的理解和反思插入到相关的课程事件叙述当中，在情节叙述中夹杂教师个性化的议论，议论又立足并深化了具体的情节，能有效避免情节描述的枯燥性和教师议论的空泛性，使得课程故事更加生动活泼。

示例：

“冲吧，小天使”活动实录

九月的风，褪去对夏的挽留。初秋的清晨，阳光如约洒在幼儿园的每一个角落……开学第一天，孩子们都非常欣喜。

晨谈时，糖糖说：“老师，今天我弟弟也来上幼儿园了，我牵着他的手一起进来的。”涵涵愁眉苦脸地说：“我弟弟也来读小班了，但是他一直哭着要找妈妈不肯进来。在门口闹了很久，妈妈上班都差点迟到了。”

头脑风暴进行时：

小班弟弟妹妹刚离开爸爸妈妈的怀抱，来到新环境，难免有些陌生，作为大班的哥哥姐姐可以怎样来帮助他们呢？孩子们各抒己见。

汇集了孩子们的想法和问题，大班组老师与小班组老师对接，进行了专题教研，结合孩子们的需求开展“文明小天使”活动。

大班幼儿的有与缺	小班幼儿的有与缺
有——心理状态、生活技能、游戏能力、认知能力	有——对环境的提前熟悉
缺——计划性、坚持性、冲突性	缺——安全感、生活自理能力

当“大孩子”遇到“小萌新”会发生怎样的故事呢？

1. 我想做“小天使”

（1）回忆文明小天使

孩子们对文明小天使都充满了兴趣。通过翻阅以前大班哥哥姐姐做文明小天使的照片，孩子们回忆起了曾经帮助自己的文明小天使们，也看到了曾经稚嫩的自己，越发能理解弟弟妹妹们为什么不肯入园。

（2）弟弟妹妹需要哪些帮助？

可是小班弟弟妹妹到底需要哪些帮助？我们怎么去接他们入园呢？每天在门口的护导老师又需要我们提供什么样的帮助呢？于是孩子们化身小记者。

通过采访，孩子们了解到小班弟弟妹妹和护导老师需要哪些帮助，回到班级便迫不及待地将小天使要做的事情画了下来。

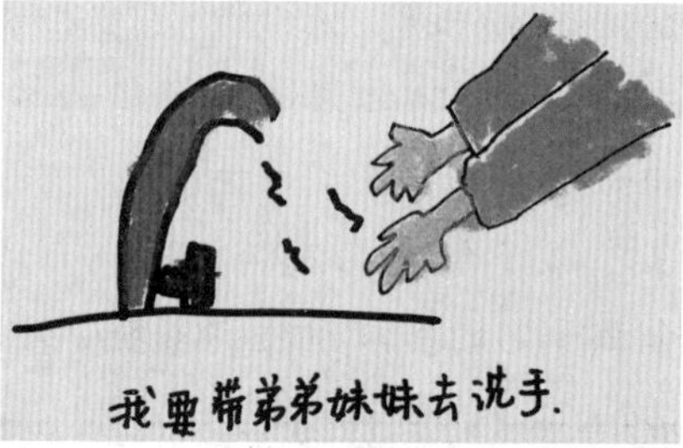

教师的思考与支持：孩子们的采访并不正式，但丰富了孩子们对于“文明小天使”的认知。从幼儿的角度去理解问题，以“换位思考”的方式作出回应，从而使其更有信心和能力去探索、学习。

（3）实地演练

孩子们了解了文明小天使要做的事情以后，还进行了实地演练。

晨晨兴奋地站在保安室门前，挥着手说：“文明小天使一定要神气，要和弟弟妹妹大声地打招呼。看看我学得像不像？”糖糖说：“我可以带弟弟妹妹去洗手，教他们七步洗手法！”

妍妍说：“万一弟弟妹妹不认识班级，又不肯说话怎么办呀？我怎么送他去班级呢？”

于是，孩子们和老师一起熟悉了小班教室的方位和班牌。如果遇到不愿意开口表达的小朋友，还可以通过查看书包上挂牌的方式了解他所在的班级。

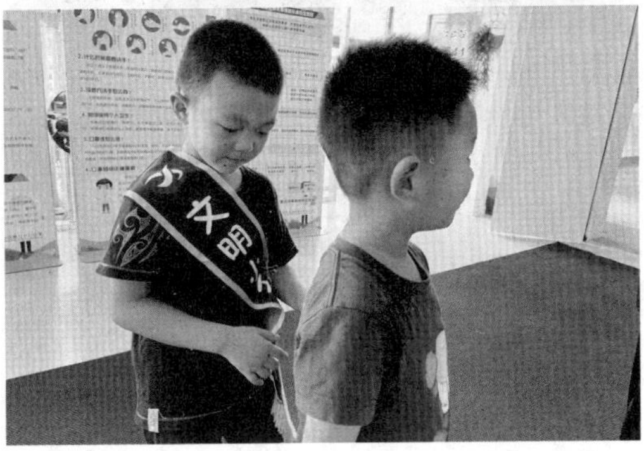

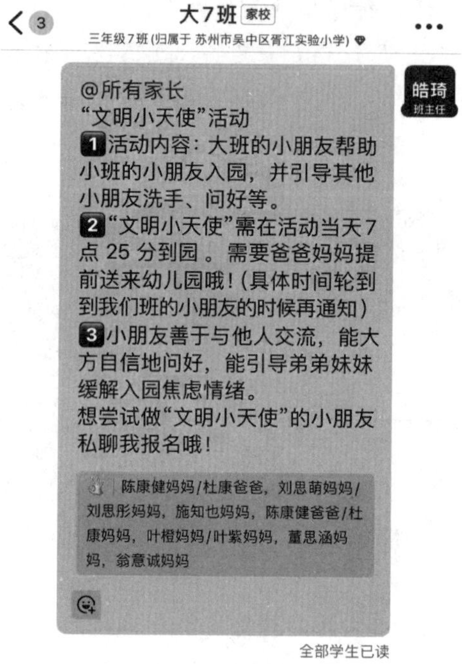

教师的思考与支持：在与环境相互作用的过程中，教师关注幼儿的思考，对幼儿的好奇做出了回应，实地探寻小班各个班级的具体位置，为之后上岗的文明小天使做好了充足的准备。

（4）争当小天使

那谁来当小天使呢？看着积极的孩子们，我们想到利用“钉钉”APP进行报名。通知一发出去就收到了很多家长的大力支持，瞬间就有十几名幼儿成功报名。

2.“小天使”上岗咯

（1）弟弟妹妹不要哭

早上，小天使们身穿蓝色马甲、面带微笑，整齐地站在幼儿园门口，用稚嫩的声音说“早上好”，还会引导弟弟妹妹来到水池边洗手。

（2）弟弟妹妹跟我走

新入园的弟弟妹妹找不到班级，小天使们便做起了护卫使者，一路护送他们进入班级，路上还不时安慰他们，陪他们聊天。遇到下雨天，贴心的小天使还会告诉弟弟妹妹要记得走雨棚，上下台阶要小心。

（3）弟弟妹妹我帮你

周一，面对重重的被子，小天使们眼疾手快，有的帮弟弟妹妹拿被子，有的跟弟弟妹妹合作拎被子。虽然累，但小天使们依旧元气满满。一次次的大手牵小手、一句句的贴心话语，让弟弟妹妹忘记了哭泣，消除了焦虑。

教师的思考与支持：小班幼儿刚刚入园，面对新环境、新面孔，难免有不安、害怕的小情绪，甚至哭闹的情况。遇到大班的哥哥姐姐来贴心安慰和帮助，他们在心理上一定会产生暖暖的安全感。

3.“小天使”遇到问题啦

蹊蹊小天使在大厅迎接弟弟妹妹，半个多小时后便蹲了下来，有点累了，看来做小天使也不是那么容易的事情呢。

蹊蹊：腿酸了怎么办？

晨晨：在门口一直打招呼，嗓子好累呀。

森森：有些弟弟妹妹进来的时候在哭，跟他们打招呼他们根本就听不见。

在几次“文明小天使”活动后，孩子之间互相交流着。有的觉得一直站着太累了，有的觉得弟弟妹妹不和自己说话，有点失落……

经过讨论，我们的解决办法如下。

妙招一：坚持站好，给弟弟妹妹做一个榜样，也可以和护送弟弟妹妹的小天使互换一下岗位。

妙招二：平时多吃蔬菜水果补充维C，也可以带一个水杯喝点水。

妙招三：主动热情地跟弟弟妹妹打招呼，要有灿烂的笑容，甚至可以主动去牵牵他们的手。

妙招四：给弟弟妹妹送小礼物。

瞧！孩子们还精心制作了花束，送给小班的弟弟妹妹。

教师的思考与支持：教师要不断引导和支持幼儿，让他们积极思考，解决问题，教师应尊重幼儿的想法并适时提供幼儿需要的支持，充分激发幼儿活动的积极性与主动性，引导幼儿在帮助别人的过程中学会帮助自己，学会想办法缓解自己的劳累，保护好自己的嗓子。

4. 小天使，继续冲！

有了之前的经验，孩子们表现得更自信了。但半个多小时的站岗和打招呼，会让他们感觉到疲惫，这时孩子们便会主动商量着互换岗位，同时还会相互加油。可爱的弟弟妹妹们也会对哥哥姐姐说“谢谢”。过程无疑是辛苦的，但每结束一次“文明小天使”活动时，孩子们总是会满脸笑意地跑到老师跟前，叽叽喳喳地分享着“天使”日记，所有的辛苦都是如此甜蜜。

曾经的孩子们力气小小的，总是需要别人的帮助，如今充满了力量；曾经的孩子们也是那哭哭啼啼身影中的一员，如今成了弟弟妹妹成长过程中的引路人！

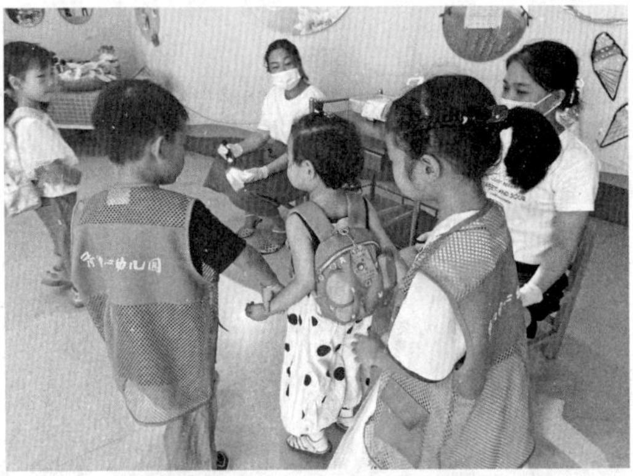

教师的思考与支持：大班幼儿以自己的视角去理解“文明小天使”的真正含义，即使遇到困难也能坚强勇敢地克服，从哥哥姐姐的角度由内而外地表现出对弟弟妹妹的关爱、尊重和接纳。在整个过程中，教师观察和欣赏每一个幼儿，及时鼓励与支持幼儿，建立起师幼之间的情感联结。

5. 小天使，仍在继续

随着小班弟弟妹妹能自主入园，幼儿园门口文明小天使的活动也告一段落了，但小天使活动真的结束了吗？瞧！小天使仍在行动……

孩子们是幼儿园的小主人，责任感越来越强的小天使们散步时总会变身小小侦察员，发现幼儿园中一些可以变得更好的地方。

草丛里有用过的纸巾，扫把倒在了地上，路边的一些标志被刮倒了没有扶起来……对于这些现象，我们又能做什么呢？“做标志提醒他们”，于是小朋友们便行动起来了。

乐乐：我设计的是“不要乱采花朵”。

玥玥：我设计的是“请爱护花草树木”。

昕昕：我设计的是“爱护环境”。

桓桓：我设计的是“不要乱扔垃圾”，希望小朋友们都能做到。

教师的思考与支持：“文明小天使”活动使大班幼儿的责任意识越来越强烈，孩子们在互相陪伴中感受到了成长的责任与美好，也逐渐学会了做幼儿园的小主人，做美丽环境的守护者。这份爱与责任也将会永远地伴随着孩子们。

教育家陶行知说：“小孩子最好的先生，不是你，也不是我，而是小孩子队伍中最进步的小孩子。”让幼儿教幼儿，这样幼儿更容易理解；让幼儿教幼儿，更能促进幼儿交往能力的发展。“文明小天使”系列活动，无论是教师还是孩子，都能从中受益，孩子们的行为也越来越文明，班级内兴起了文明之风，同伴们学习互相理解和关心，集体荣誉感普遍增强。温馨和谐的氛围在幼儿园弥漫着，飘散着……活动仍在继续，暖心行动永不止步！

（二）观察记录

“观察”已逐渐成为教师一日工作的重要组成部分。但是，很多时候教师的记录仅仅停留在对流程的描述，对行为的描述缺乏系统性和规范性，所做的评价仅停留在经验层面，既缺乏对现象的具体总结，也较少提出有效的指导策略。甚至有些教师为了应付工作，使原本要进行的情境性评价变成了简短的概括性点评，评价趋于教条化和模式化。可见，实践中的观察记录并没有真正起到评价儿童发展的作用，更没有起到促进教师成长的作用。因此，目前有必要大力推动教师成长与教育评价的一体化进程。

我们可以尝试借鉴儿童观察记录的实施方式，在注重对儿童轶事记录的同时，加大日常记录信息的使用效率，提高利用价值，依据日常的记录信息，科学合理地归纳总结教学经验，为课程改进提供支撑性证据，努力实现课程改进与教育评价一体化的目标。

运用观察记录，教师能够对活动过程或者幼儿参与劳动所获得的经验进行分析和反思，对活动中出现的问题作出深层次解析，为接下来的活动提供新思路，也为更好地了解幼儿劳动情况提供帮助，关注幼儿当下正在做什么，而不是寻找或是评论幼儿还不能够做的事。基于儿童发展的全面性和整体性特点，强调对幼儿发展所进行的评估应是综合性、过程性的观察记录，而不是机械的单次测验。这样一种真实的评价，其评价过程是开放的，允许有多种答案，有助于评价者了解幼儿得出答案的思维过程，从而树立广义的儿童学习观，反映出幼儿发展的方方面面，实现幼儿发展与教育评价的一体化目标。

下面的观察记录就是幼儿劳动小片段：

<table>
<tr><td>日期</td><td>2019.5.14</td><td>活动环节</td><td>晨间户外活动</td><td>观察者</td><td>钱丽婷</td></tr>
<tr><td>观察对象</td><td colspan="2">宇函、皓皓、小寒、泽成</td><td>年龄段</td><td colspan="2">6岁2个月、6岁6个月
6岁7个月、6岁3个月</td></tr>
<tr><td>背景</td><td colspan="5">天气很热，收集了竹竿、PVC管子，尝试搭房子。</td></tr>
<tr><td colspan="2">观察</td><td colspan="2">思考</td><td colspan="2">拓展</td></tr>
<tr><td colspan="2">来到草坪上，宇函和皓皓拿了竹竿就开始蹲在地上干活。他们把竹竿摆成了一个方形，试着把两根竹竿绑在一起。皓皓一连绑好了两处的竹竿。看到宇函不太会绑，皓皓马上走过去接过他手里的活，宇函也换了另一个地方。皓皓拆掉宇函乱搭的，边重新绑边说：“宇函，这还叫绑吗？”说着自己连打了两个结，一个是简单的死结，另一个是复杂一点的折个圈再打的结。
</td><td colspan="2">有了前面两次活动，皓皓打结的经验更丰富了，还会尝试打不一样的结。【健康子领域2-3-4：能使用简单的劳动工具或用具。】
与前两次相比较，宇函对打结也有了一定的感觉。在几次与皓皓的合作中，皓皓在打结的时候，宇函也一直在观察。所以他虽然不熟练，但是方法是对的。【社会子领域1-3-3：自己的事情自己做，不会的愿意学。】</td><td colspan="2" rowspan="2">打结是整个建构活动中很重要的一项技能，不会打结，就无法将竹竿连接在一起。以往都有小朋友拿毛根打结，但是毛根都用完了，他们只能用布条了。与幼儿分享几种打结的方法，可以请皓皓向大家说说自己是怎么学会打结的。提供材料请幼儿课间、区域活动的时候练习打结，能力强的幼儿可以练习打不同的结。
请幼儿分享今天建构活动中的感受以及与同伴之间的小故事，鼓励幼儿学会与他人合作，并且当有不同意见时能够尊重别人，倾听和接受别人的意见。
小组计划下次去搭建要做些什么事，框架搭好了，还需要什么？用什么材料？怎么去制作？把想法记录下来方便下次活动的时候参考。
搜索帐篷、木屋、吊脚楼等各种房屋的图片，拓宽幼儿的视野，为幼儿进一步搭建房屋提供借鉴。</td></tr>
<tr><td colspan="2">宇函又拿了两根芦苇交叉竖立，他扶着，叫小寒打结。泽成来了，宇函指着地上的棍子对泽成说：“你把这里打一下结，那里也需要。”等了一段时间，小寒也打不</td><td colspan="2">宇函会想每一步要做什么，一直在推动着搭建活动的进行。【社会子领域1-3-1：能主动发起活动或在活动中出主意、想办法。】</td></tr>
</table>

续表

观察	思考	拓展
好，宇函让小寒扶着，自己要打结。他把原来的长绳拿走，换了一根中等长的布条。他们绕了半天没有打好，皓皓过来了，开始和小寒把交叉的竿子捆住，宇函重新拿了两根竿子在另一边摆好，等着皓皓去绑。小寒刚要放手，竹竿就要倒下来。小寒指着地上的竹竿说："下面要再稳固。"泽成说："我已经绑得很紧了！"	小寒能够很敏锐地发现问题出现在哪里，下面的竹竿不够牢固导致"×"型竹竿无法站立。怎样使"×"型竹竿与下面的竹竿连接在一起，是个难点。【科学子领域1-2-5：探究中能与他人合作与交流。】	
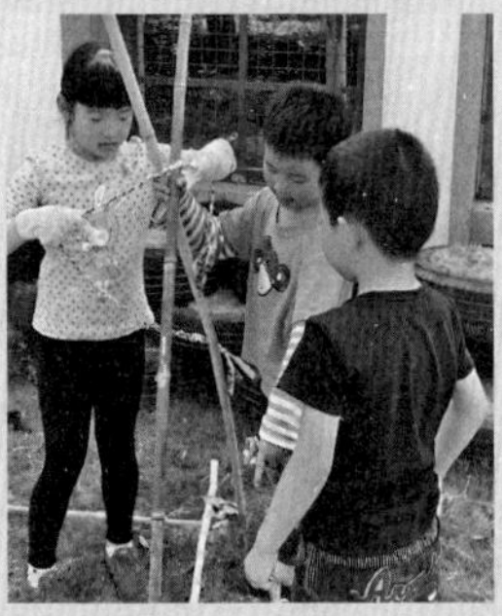		
泽成又去拿了一根竹竿，要架在两组"×"型竹竿上。宇函帮皓皓扶住，皓皓负责打结，泽成和小寒一组，想要把另一边捆住。两组人都尝试把三根竹竿捆在一起，皓皓的结是打了，但是在拉紧的时候他也表现得有些疑惑，怎么用力拉布条都是松松的，没有把三根竹竿捆绑住。上面的还没有绑好，下面的也松开了。小寒那也没有弄好，一根竹竿倒下，全都散架了。	如何把三根竹竿捆绑在一起，并且使其牢固，是一直困扰着他们的难题。多了一根竹竿后，还是按照以前的方法捆就比较容易松，不过在捆绑过程中皓皓也察觉到了自己的问题。	
我请大家去看看别的班级留下来的简易帐篷。宇函一眼就发现了问题："竹竿插进泥土里了！"泽成和皓皓拿了一根竹竿往泥土里插，两只手握得紧紧的，把整个身体都快压下去了，但力气仍不够大，于是他们开始边转竹竿边往下插。小寒在一旁也往泥土下插竹竿，边插边说："这里草太多了，好像有草断掉的感觉。"	三根竹竿的捆绑难不住成人，但是对于孩子们来说是困难重重。宇函很善于观察，发现竹竿都用力插到了泥土里。【科学子领域1-2-1：能通过观察、比较与分析，发现并描述不同种类物体的特征或某个事物前后的变化。】	

续表

观察	思考	拓展
几个孩子在四个角上插上了竹竿，小寒说：“我们需要做个门。”说着就拿了一根竹竿横在两根插好的竹竿之间。本来放得很低，小寒说：“我们要搭高建筑物。”她把竹竿举高，泽成想绑绳子，可是够不着。我问：“够不着怎么办？”小寒马上环顾四周：“可以踩在轮胎上面。”说完就去找轮胎了。她滚来了轮胎，踩在上面，颤颤悠悠。我走过去说：“你帮我扶着，我来打结。”一个横档做好了，小寒走到另一边，也想把横档固定得高一点，可是两根竹竿不一样长，宇函走过来说：“不要弄这么高，那个做前门，这个做后门呗！”大家听了宇函的话，都赞成。小寒扶住，泽成打结，皓皓马上去找了根布条帮忙捆另一边的竹竿。小寒说：“我们的门是要分男生、女生走的。”泽成踩在轮胎上，拼命想要够到竹竿打结，试了，不行，又去拿了一个轮胎，踩在两个轮胎上终于够着了，他把布条在竹竿上绕了好多圈。 房子的轮廓大致好了，几个人又去拿了其他小组的PVC管连接件，套在竹竿上。泽成说：“我装几个摄像头。”宇函拿了根长管子套在竹竿上，瞄准其他组搭的房子准备“开炮”，其他小朋友也都被吸引过来。	小寒的头脑中已经有房子的大概样子了，提出建议搭建门。生活中的门都是足够人站着走过的，于是她很自然地想到需要把竹竿架高，说明小寒生活经验丰富，并且能马上利用现有的材料在具体的情境中做出调整。 宇函早就发现由于一根竹竿较短，再往上架肯定行不通。这说明他会用对比的方法判断可行性。相较于其他幼儿，他更理性，也更严谨。【科学子领域2-1-2：能发现生活中许多问题都可以用数学的方法来解决，体验解决问题的乐趣。】 就地取材，以物代物。简单的PVC管变成了摄像头、大炮，等等，男孩子的玩法更多的是与军事、打仗相联系，这就是男孩子的兴趣点。	

以观察记录作为评价内容指标本身就是关于儿童发展内容的集中体现，一方面课程内容成为制订评价指标的重要依据，另一方面通过持续收集儿童真实的发展信息，对评价结果进行分析转而反馈到课程，不断改进教育方案。

五、家长工作坊

幼儿的健康成长需要家庭与幼儿园共同努力，而良好的家园关系形成的合力能够促进幼儿身心各方面的发展。对于幼儿园来说，建立良好的家园合作关系意义重大，定期开展家长工作坊活动就是为了提供机会以便更深入地探讨一些大家都认为重要的主题，让学校和家长们建立更强有力的合作关系。通过活动家长工作坊分享讨论家庭教育的经验，从家庭出发，以此来记录幼儿在家庭活动中的内容与评价。

高尔基曾说：劳动是世界上一切欢乐和美好事情的源泉。家务劳动看似是小事，但是它涉及孩子的独立自主能力、强大的动手能力、整体规划能力和作为家庭成员的责任意识，这些对孩子们独立人格的培养都非常重要，所以，他们小小的身影背后却有着大大的能量，做好这些家务事可不简单。

示例：

自己动手，更多快乐，更多收获，更加健康，更快成长！

——记孩子参与日常劳动的几点感触

今天是小宝的六周岁生日，恰巧我收到学校老师的信息，询问孩子的暑假生活情况，特别是家务劳动情况。就算是假期，老师也未停止对孩子们的挂念和激励，这让我备受感动。回想起孩子入园以来的巨大变化，我颇感欣慰。

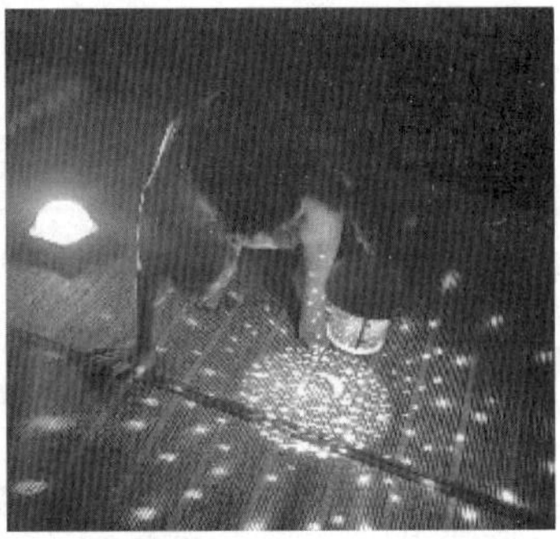

首先，孩子参与日常劳动，自己动手，有了成就感，更快乐。很典型的例子就是，做饭的时候，孩子想动手，那就给他做呀，尽管动作可能不标准、不熟练，都没

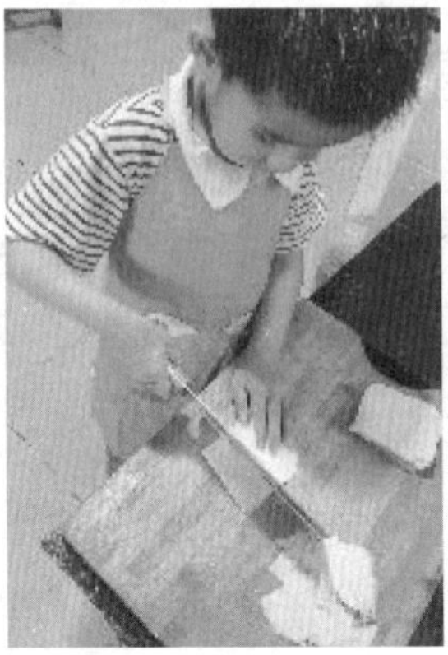

有关系，孩子要体验的是过程。他会骄傲地跟家人说：“你看，这个茭白是我切的，好吃吧？这个面片也是我切的，是不是很好看？”而且，自己动过手的食物，吃起来都更香了呢。

其次，孩子参与日常劳动，会在不知不觉中学习到更多知识。比如，知道玉米由一层层的外皮包裹着，知道玉米须可以晒干用来泡水喝。和奶奶一起给小青菜浇水，给还在土壤里的种子泼水，知道植物的发芽和生长都离不开水，水是宝贵的资源。

再次，孩子参与日常劳动，会得到锻炼，更加健康，更好地长大！“你看，我可以自己洗袜子，用力拧干然后晾晒在太阳下。”“我可以自己打扫房间，然后愉快地坐在干净的地板上安静地玩耍。”孩子兴奋地说他还展示了一下“绝技”——

腾空而起，神奇不？他可以在妈妈躺床上休息的时候自己去找书籍来看，因为妈妈说他会做很多事情，都是小小男子汉了。

还有两周就要开学了，开学以后孩子就是大班的小朋友了。回想起刚刚入园时的哭闹和不知所措，到现在的开朗活泼和自立，作为家长的我们真的是特别欣慰。感恩学校的劳动教育贯穿孩子的成长过程。记忆深刻的一件事情是由于疫情防控，孩子们只能自己拎着被子进出校园，好多过度心疼孩子的爷爷奶奶们甚至都抱怨起来。其实殊不知，正是这样的机会，让孩子知道了自己的能力和能量，而且孩子终究要长大，要一步一个脚印走自己的路！而参与劳动，就是让孩子自己成长的最佳的方式！

——中（2）班陆一扬家长

六、劳动活动反馈表

家长要根据孩子的年龄与劳动能力，放手让孩子做事，为孩子创造劳动的机会：一是从娃娃抓起，进行劳动启蒙教育。父母应有意识地让三四岁的幼儿做力所能及的事，从小树立劳动意识，养成爱劳动的习惯，例如，父母做家务时，可以让孩子拿块抹布擦擦桌椅或倒垃圾等。二是孩子稍长大点后，要进行自我服务的劳动教育，树立“自己的事自己来做，不要给别人添麻烦”的劳动观念。家长的反馈能帮助教师有效地评价幼儿在劳动活动中的变化与收获。

幼儿劳动活动反馈表

<table>
<tr><td>时间</td><td>2021.8.13</td><td>姓名</td><td>翁依琳</td><td>年龄</td><td>5 周岁</td><td>记录人</td><td>妈妈</td></tr>
<tr><td colspan="8">劳动情况简述：
生活处处皆教育。在愉快的暑期里，依琳小朋友仍然不忘劳动。每天早上起床她都很自觉地自己穿好衣服；每次吃好饭都会把碗筷放到厨房里去；有时会主动帮妈妈打扫卫生，把家里的橱柜擦得干干净净；有时会帮奶奶洗碗，哪怕洗得不是很干净，但是很用心。劳动本身就是社会生活的重要组成部分，劳动与生活的关系很密切。</td></tr>
<tr><td colspan="8">家长与幼儿参加劳动的想法与感受：
在幼儿园的教育中，劳动教育也是非常重要的。作为幼儿园，充分利用一切教育资源，创设适宜的环境，在真实的体验中渗透生活自理劳动教育，从而激发幼儿热爱劳动、珍惜劳动成果、尊重劳动人民的情感。
上学期幼儿园就精心准备了小班组幼儿自我服务能力展示活动。依琳在自己穿衣服、穿鞋子比赛中得了第一名，这与她平时的习惯是分不开的。通过这样的活动，孩子体验到了成功的快乐，建立了自信心。活动也给了老师和家长启示：别说孩子小，本领可不小，我们要多给孩子一些机会，多让孩子自己去尝试，这样孩子才能成长一大步。通过家园配合和一日生活中的练习，依琳的自理能力变得更强了。
孩子在“家园互动、亲身体验”中了解了劳动的意义，感受到了劳动的辛苦，体验到了劳动的快乐，学会了劳动的技能。</td></tr>
</table>

七、开展线上分享、反馈与评价

“钉钉”APP是一个非常智能的软件，它可以记录幼儿劳动时的照片、视频，并能与家长及时沟通，让家长了解幼儿在园劳动、学习和生活的情况。具体功能如下：教师评价，能通过班级圈记录幼儿在园的劳动故事，包括劳动现场的照片、视频、文字记录、经验分享，教师还可以通过“报名接龙”“智能填表”等功能，制订劳动计划和了解幼儿的劳动经验，有目的地推动劳动活动更有效地开展等；幼儿方面，能呈现幼儿劳动中学习的轨迹、经验状况以及能力发展；家长方面，能更直观地看到自己孩子的活动，了解幼儿在园的劳动发展状况，同时也能积极配合幼儿园，鼓励幼儿参加各种劳动活动。以“为百耕园除草”活动为例，我们通过班级圈发布幼儿在劳动中的精彩镜头，让家长更了解幼儿的课程活动。同时“智能填表”能帮助家长把反馈梳理成文字，也让家长对幼儿园可以开展的劳动活动提出了宝贵的意见。家长在班级圈的“送小花”和“评论”，能让幼儿更积极地参与到接下来的劳动活动中去。

智能填表：

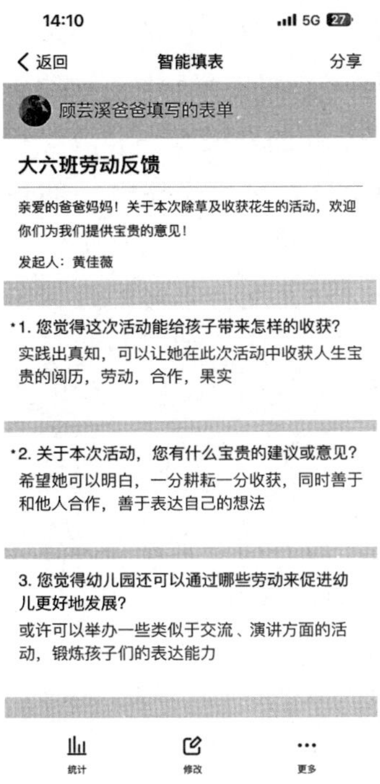

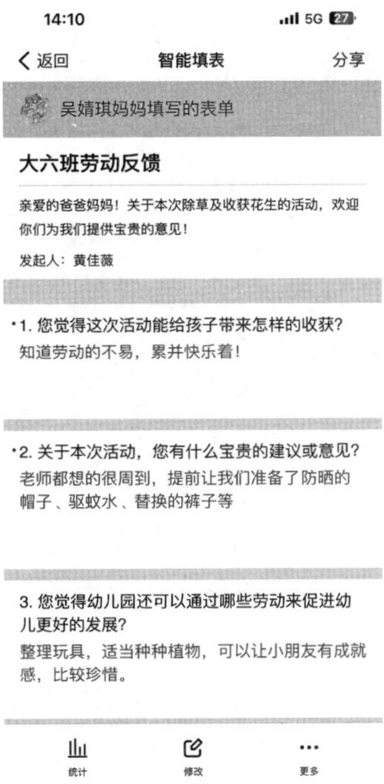

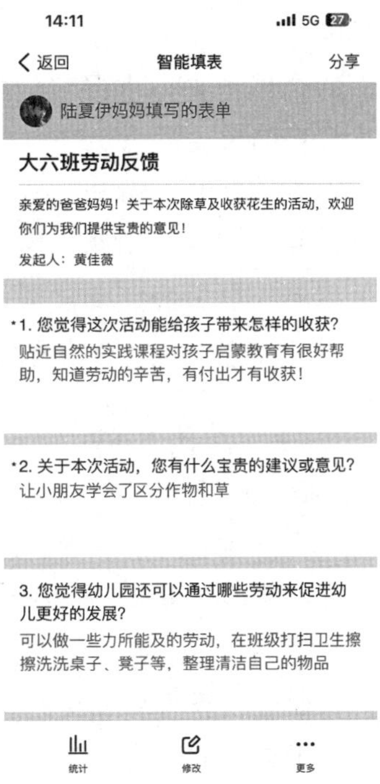

第四节
评价的过程

《纲要》指出："评价的过程，是教师运用专业知识审视教育实践，发现、分析、研究、解决问题的过程。"同时《指南》也提出成人应"充分理解和尊重幼儿发展进程中的个别差异，支持和引导他们从原有水平向更高水平发展"。《幼儿园教师专业标准（试行）》也明确要求"了解幼儿在发展水平、速度与优势领域等方面的个体差异，掌握对应的策略与方法"。开展社群服务劳动是对幼儿进行差异化教育的重要形态，教师在社群服务劳动教育中可以把握幼儿的发展水平和劳动状态，关注幼儿在劳动过程中出现的问题，让幼儿有机会充分讨论、表述自己的观点，并尝试解决问题。整个评价过程的最终目的应该是发展幼儿的劳动水平，使劳动不仅能劳力，更能劳心。同时教师在指导幼儿和给予幼儿支持策略的过程中也能进一步提高自身的专业发展水平。

一、评价步骤

儿童活动的过程就是评价进行的过程。我们只有对这个过程的各个方面都有所了解，才能促进课程的发展。评价步骤具体可以分为以下几步。

第一步，确定幼儿的已有劳动水平。

社群服务劳动涉及方方面面的劳动，受幼儿身心发展水平的限制，幼儿的劳动不同于成人的劳动。首先，幼儿在劳动中感兴趣的是材料、工具和劳动过程，而不仅仅是劳动成果。因此幼儿是否参与过类似的劳动活动，或者在曾经的劳动过程中获得过哪些已有经验，会使用哪些劳动工具，都需要我们教师去观察和发现。例如，在大班"来给小鸭造新家"的活动中，幼儿能够根据自己的生活经验或者自己的喜好给小鸭子设计房子。有的孩子给小鸭子设计的是三层带有阳台和花园的房子，并设计了秘密基地等；有的幼儿提出给小鸭子的床铺上柔软的草，给小鸭子设计游泳池等。教师针对幼儿的兴趣和已有经验预设活动，让幼儿在劳动活动中得到经验的提升和拓展，增强劳动的责任感，并学会评价自己与他人的劳动。

第二步，记录幼儿劳动的过程。

写实记录是评价幼儿劳动情况的重要依据，我们可以通过观察记录、课程故事等形式来记录。幼儿可以通过教师的照片、视频等进行交流，这也是一种很好的方式。通过分享劳动时的照片、视频，幼儿可以和同伴讨论自己在劳动活动过程中做的事情，获得一些自己尚未获得过的劳动经验，为接下来的活动做好铺垫。例如，在大班“来给小鸭造新家”活动中，在材料和工具的选择上，幼儿将自己想到的、可能需要用到的工具和材料都列在清单上，记录了下来。在认识、了解各种工具和材料后，又将清单上不合适的材料删减掉。教师能从中发现幼儿的经验和劳动活动中存在的问题以及需要指导的地方，进行有针对性的分析和支持。

调整前：

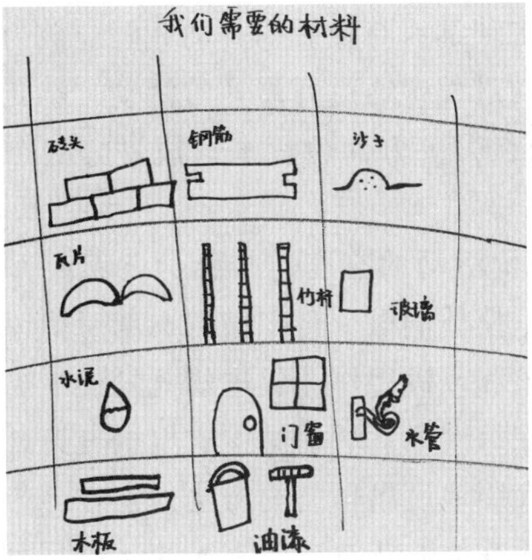

调整后：

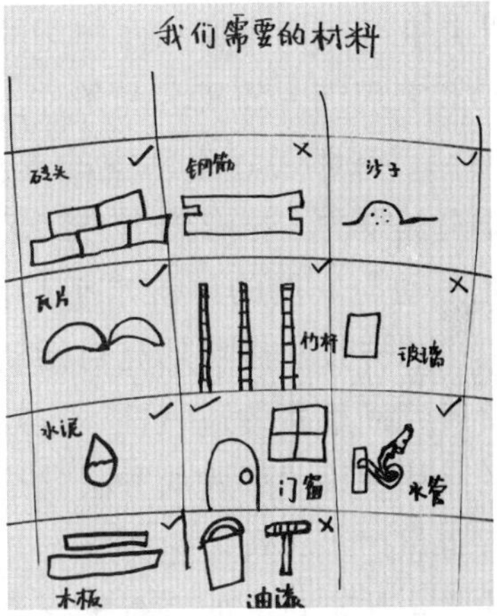

幼儿的劳动也会形成某些成果，如服务班级、服务幼儿园、服务家庭、服务社区，但这并不是幼儿劳动的主要成果。幼儿劳动的主要成果在于促进幼儿自身的发展，这种发展包括身体的、动作技能的、智力的、品德的和审美能力的发展。例如，在大班“来给小鸭造新家”的活动中，幼儿通过实验、对比，根据实际需要学习使用筛子、独轮车、小铲子等工具。在这个过程中，他们逐步学会了观察、比较，锻炼了思维能力，培养了探究性问题的解决能力。

总之，幼儿劳动是一种能促进幼儿全面发展的活动，教师要充分认识幼儿劳动的特点，让幼儿在轻松有趣、多种多样的劳动中获得全面发展，因此记录的内容也可以是多方面的，可以是幼儿劳动活动中意志品质的培养，也可以是工具使用技能的提升。

第三步，分析评价内容。

评价内容主要包括劳动认知、劳动情感与态度、劳动能力等方面，以《纲要》和《指南》为标准，对幼儿劳动知识和劳动技能的理解和掌握程度，以及在劳动实践过程中的表现，采用灵活多样的评价方式，正面激励，提高幼儿劳动的积极性。同时，注重对劳动过程的评价，而不光是对劳动结果的评价。对幼儿劳动过程中的整体评价应以过程性评价为主，也可以巧妙地展现幼儿的劳动成果，分析幼儿在各个阶段的表现和发展变化。评价内容主要有：① 对自己选择的劳动是否一直感兴趣。② 在活动开展中，当遇到困难时怎样克服。③ 在小组中主要参与了哪些活动，完成了哪些任务。④ 活动中是否愿意主动帮助有困难的同伴。⑤ 活动后能否说出自己的收获与进步。通过这些评价内容可以更全面地了解幼儿的劳动行为，分析他们的劳动习惯，使幼儿关注自身的劳动行为，树立科学的劳动价值观。

二、评价结果

幼儿是在与周围环境相互作用的活动中主动学习与发展的，幼儿园应该为幼儿提供活动和表现能力的机会和条件。劳动活动过程中通过开展评价活动，幼儿一方面体验着自己在学习、生活中的成功和失败，另一方面也逐渐形成良好的个性品质，对塑造健全的人格有着十分深远的意义。

幼儿劳动与发展的评价水平与他们对评价活动的态度有较大的关系。作为教师，我们应想方设法激发幼儿对活动的兴趣，使他们以一种积极的态度对待评价活动。评价是判断教育的适宜性、有效性，调整和改进工作，促进幼儿发展，提高教育质量的必要手段。最好的方法就是让幼儿在每次半日活动结束前想想当天自己所做的事，也想想当天所发生的事，并让他们大胆地说出自己的想法，发表自己对半天活动的看法并对自己的言行进行评价，倾听其他幼儿对自己表现的评价，同时对进步较大的幼儿给予鼓励表扬。每次评价活动后，总有不少幼儿因获得了满足而兴高采烈，也会有一些幼儿遭遇失败。孩子们都能从中学会怎样去面对，而正是这种情绪体验使他们在成长的道路上得到锻炼，使他们在这种活动中学会如何看待和发现自己或他人的优缺点，学会如何对待别人对自己的赞扬或批评，同时也学会以平等的态度对待自己和他人。

《纲要》要求教师“既要高度重视和满足幼儿受保护、受照顾的需要，又要尊重和满足他们不断增长的独立要求，避免过度保护和包办代替，鼓励并指导幼儿自理、自立的尝试”。评价不仅仅是为了鼓励幼儿，也为了激励幼儿能更好地参与接下来的劳动活动。评价十分考验教师的专业素养，只有认真观察和善于分析的教师才能关注幼儿的发展，而不只是通过劳动取得表面的成就。因此整个评价过程，也是我们教师团队运用专业知识从劳动教育实践中发现、探索、研究和解决问题的过程。劳动评价是多元的，针对不同发展水平的幼儿有不同的要求，评价的内容也不同，有针对动手操作能力的评价，也有针对解决问题能力的评价。我国儿科医学专家、幼儿心理和教育专家认为，幼儿躯体大动作和手指精细动作的发展水平处于正常范围是心理健康的基本条件。从幼儿的原有发展水平和经验出发，不用统一的评价方式，而是对幼儿的劳动教育进行多元评价，综合各项评价结果。因此，在重视幼儿评价的时候，我们也应不断提高评价的科学性，更注重过程而非结果，尊重幼儿发展的个体差异，关注幼儿学习与发展的整体性，促进幼儿身心全面协调发展，支持和引导幼儿从原有水平向更高水平发展。

参考文献

［1］中华人民共和国教育部.2016 版幼儿园工作规程——附幼儿园工作规程新旧对照［M］. 北京：首都师范大学出版社，2016

［2］中华人民共和国教育部. 幼儿园教育指导纲要（试行）［M］. 北京：北京师范大学出版社，2001

［3］中华人民共和国教育部.3—6 岁儿童学习与发展指南［M］. 北京：首都师范大学出版社，2012

［4］中华人民共和国教育部. 大中小学劳动教育指导纲要（试行）［M］. 北京：北京师范大学出版社，2020

［5］曾天山，顾建军. 劳动教育论［M］. 北京：教育科学出版社，2020

［6］梁焕英. 新时代劳动教育多样态［M］. 沈阳：辽宁大学出版社，2021

［7］李岑虎. 新时代劳动教育课程设计［M］. 北京：旅游教育出版社，2021

［8］关春霞，陈冬冬，李淼. 劳动教育课程实施与评价［M］. 北京：知识产权出版社，2021

［9］［澳］朱莉·M. 戴维斯. 幼儿与环境：致力于可持续发展的早期教育［M］. 孙璐，张霞，王巧玲，等译. 南京：南京师范大学出版社，2018

［10］［美］帕特丽夏·韦斯曼博士，［美］乔安妮·亨德里克教授. 幼儿全人教育［M］. 钟欣颖，张瑞瑞，杜丹，译. 南京：南京师范大学出版社，2015

［11］王翔. 幼儿园返本课程——在行动中学习［M］. 南京：南京师范大学出版社，2015

［12］崔利玲. 单元课程的实践建构——“活教育”思想的传承与发展［M］. 南京：江苏凤凰教育出版社，2015

［13］陈秀云，陈一飞. 陈鹤琴全集［M］. 南京：江苏凤凰教育出版社，2018

［14］李季湄，冯晓霞.《3—6 岁儿童学习与发展指南》解读［M］. 北京：人民教育出版社，2013

［15］蔡映辉，刘祥玲. 高校服务性劳动教育理论与探索［M］. 北京：科学出版社，2021

［16］顾明远，等. 对话中国教育：未来教育创新的建议［M］. 北京：中国人

民大学出版社，2022

［17］张福利，韩美凤．劳动教育［M］．西安：西安交通大学出版社，2021

［18］黄燕，叶林娟．中国劳动教育回顾与体系建构研究［M］．上海：东方出版中心有限公司，2022

［19］虞永平．聚焦质量——幼儿园课程改革的思考［M］．北京：教育科学出版社，2023

［20］张庆堂．劳动创造幸福——新时代劳动教育课程［M］．南京：南京大学出版社，2022

［21］尹坚勤，管旅华．幼儿园教师专业标准（试行）——案例式解读［M］．上海：华东师范大学出版社，2013

［22］沙红星，吴君妍．幼儿社群服务劳动的实践［J］．早期教育，2023（03）

［23］沙红星，吴君妍，陈晓兰．关于幼儿园社群服务劳动教育的思考与实践［J］．幼儿教育育，2024（1–2）

［24］郑锦刁．幼儿园 STEAM 教育中“工程”活动实施策略［J］．广东教育（综合版），2020（12）

［25］王玮妮．新时代劳动教育的现存困境及路径探析［J］．劳动哲学研究，2022（01）

［26］党印，魏玲云．新时代劳动教育实践基地建设与发展状况探析［J］．中国校外教育，2023（01）

［27］胡蕾，严婷婷，殷丹．依托课程体系开展劳动教育项目化学习——以“跟着节气劳动”校本课程的开发与实施为例［J］．成才，2021（10）

［28］华耀国．形成爱学习爱劳动爱祖国活动的有效形式和长效机制［J］．少先队活动，2014（06）

［29］严震宇．有效教学是“脚”电子白板是“鞋”［J］．好家长，2017（10）

［30］张波，陈士葆．挖掘家务劳动的教育意义［J］．四川教育，2022（Z2）

［31］沈芬．幼儿园劳动教育实施现状的调查分析［J］．早期教育，2022（02）

［32］吴春姝．儿童本位视角下的“美”与“活”［J］．教育界，2023（17）

［33］薛莲．新时代背景下提升幼儿教师职业道德水平的思考［J］．教育观察，2021，10（40）

［34］刘莹．企事业单位 2—3 岁托育中心运营模式研究——以常州市 W 托育中心为例［J］．学周刊，2022，18（18）

［35］葛红燕．通过结构游戏培养幼儿合作与交往的能力［J］．小学科学（教师版），2016（4）

［36］刘艳．劳动润童心，游戏伴成长［J］．上海教育，2024（03）

[37] 苏庆霞.《指南》实践手记:《指南》——教师与家长的明灯[J].科普童话(新课堂),2013(01)

[38] 刘静贤.农村种植活动在幼儿劳动教育中的实践探析[J].新课程,2021(16)

[39] 陈菊.幼儿园"三服务"劳动课程的内涵意蕴与构建实施[J].辽宁教育,2022(10)

[40] 霍力岩.幼儿劳动教育:内涵、原则与路径[J].福建教育,2018(47)

[41] 张春炬,任海霞.新时代背景下幼儿园劳动教育的探究[J].河北教育(综合版),2020(Z1)

后记：社群服务劳动的诗歌

在实践中我们发现，幼儿园、家庭、社会是社群服务劳动、可持续发展教育强有力的发动者，社群服务劳动是改变人类通往健康、公平和可持续未来路径所需要的。我们通过社群服务劳动，采取可持续、全社会、跨领域的方法来提高儿童的复原力和幸福感。儿童是能干且能动的公民，他们不但现在有能力，而且还有能力影响未来。他们在劳动中享受生活，在生活中创造未来。社群服务劳动是一种可持续的生活方式，它不但有利于地球可持续发展，还有利于个人及社区的健康发展。社群服务劳动课程的开展，是解决早期教育中可持续性教育问题的有效实践，可以支持幼儿成为可持续性变革中积极的推动者。

一、社群服务劳动是一首劳动的诗歌

我们以“幼儿园综合活动”为基础课程，以幼儿园的“农耕园……百草园……嬉乐园”园本课程为辅，开展“社群服务劳动”教育活动，逐渐形成充分体现本园特色及胥口镇区域特色的多元化的“悦活田园”园本课程体系。我们充分挖掘区域丰富的地域资源，“走出去”，在社会大课堂中开展教育活动，拓展幼儿园的活动内容和形式，因地制宜探索幼儿园的课程建设，形成了幼儿园与地域资源有机结合的教育生态环境，对地域资源进行重新认识与筛选。在筛选资源开展活动时，注意把握本土性、经验性、兴趣性原则，成立了五个社群服务劳动基地：颐乐苑（敬老院）、子胥花苑（小区）、胥江欢乐广场、胥口环境卫生管理站和苏州莱恩精工合金股份有限公司（企业）。劳动基地为幼儿提供了社群服务劳动制度化的环境资源、课程资源。这是劳动诗歌中最美的音符。

二、社群服务劳动是一首大爱的诗歌

我们利用景观资源，开展大班幼儿远足、春游活动；利用家长资源，开展参观体验活动；利用社区资源，开展人际互动活动。我们组织中大班的孩子进行爱心义卖和亲子活动，多次走进颐乐苑、子胥花苑，为敬老院老人和社区里的爷爷奶奶们送爱心送温暖，培养孩子们孝敬老人的美好品质，传承“孝老敬亲”“关爱他人”的中华优良传统。在胥江河畔、环境卫生管理站等场所宣传文明和环保理念，履行社会小公民的义务和责任。在孩子们的护桥故事中、在稚嫩的笔触中、在现场多元形式的宣传中，诠释着胥口未来小主人的担当和使命，爱家乡、爱国家、爱人类的种子在孩子们的心中生根发芽！这是一首大爱的诗歌。

当然，我们并不是要让儿童和教育者去解决什么社会大问题，但我们惊喜地看到作为改革催化剂的儿童早期可持续性教育的力量，以及作为可持续性变革推动者的幼小儿童的力量。它意味着学习、希望和行动，所以要让儿童在自己的生活圈内“发挥影响力”。

三、社群服务劳动是一首生态的诗歌

杜威认为：教学必须从学习者已有的经验开始。所有卷入者的服务意识、服务能力都在不断提升，特别是关怀意识得到了培养。社群服务劳动正以爱的生态定义幼儿园及社区的生活，并影响着每一位儿童、教师、家长及社区成员的成长，同时，促进和带动他们周围更大的社群致力于社群服务劳动、志愿服务以及可持续发展的公益活动。

四、社群服务劳动是一首永恒的诗歌

通过对社群服务劳动的研究，我们看清了一本正经进行教育思考的功利、贫乏的一面。幼儿的生活像一条河流，一刻不停地向前奔腾，有着无数丰富的形态……可持续性是“面向未来的，号召学生作为个体开展可持续的行动，并且参与到跨越本土、地区和全球的集体共担的努力中”。儿童早期的童年生活在增强意识、回应本土和全球可持续性问题上是最恰当的时机。幼儿对于可持续性实践的心智倾向会一直持续到青少年和成年期，而且幼儿有能力以有效的方式去影响他们所处的社会圈子中其他人的态度和行为。在社群服务劳动中，我们也碰到一些困难，如：在园外的一些公共活动场域，幼儿的宣传版面会遭到破坏，可见幼儿的积极行动还没有得到社会群众的大力支持和重视；外出活动时的安全保障因素，也制约着幼儿的行动……但我们不气馁，孩子们眼中所绽放出来的亮光，支撑着我们坚持下来。所幸，2022 年，吴中区已经全面启动儿童友好城市建设工作，相信孩子们会有更多“跑起来”的公共空间，有更多安全、舒心的成长环境。随着 2023 年 1 月教育部等十三部门联合印发《关于健全学校家庭社会协同育人机制的意见》，接下来，幼儿园积极主导、家庭主动尽责、社会有效支持的协同育人机制将更加完善，幼儿全面发展、健康成长的良好氛围也会更加浓厚。我园社群服务劳动的研究将借着这股东风，继续携同所有有能力及有意向加入的志同道合者，成为幼儿生命成长的坚定支持者，陪伴孩子们一起去发现更多的惊喜……

本书能够顺利完成，要特别鸣谢南京师范大学教育科学学院虞永平教授的高瞻引领、刘颖博士的一路相伴，更要感谢编写组成员的倾情付出：第一章编写者沙红星，第二章编写者吴君妍，第三章编写者戴怡青、王芳、朱蓓、谢燕萍、吴菲，第四章编写者陈晓兰、朱秋碧、孙岑岑，第五章编写者沙红星、钱丽婷、吴君妍、张荟，第六章编写者钱丽婷、周萍、姚琦、柴健瑶、朱皓琦、吴静轶、陈婷，内容校验和参考文献整理者朱皓琦。感谢大家的通力合作。还要感谢所有为本书顺利出版做出努力的人，有了你们，才有了这个小小的却令我们振奋的成果，感恩所有……